Gabriele Neuhaus • Samira Boufarache-Doukkali
Nadine Hartke • Simone Füchtler • Julia Stirnberg

Einfach **machen** –

100 Impulskarten für frühpädagogische Kunstaktionen

Ernst Reinhardt Verlag München

Gabriele Neuhaus ist Fachdozentin für die Methode Kunsttherapie am LWL Berufskolleg in Hamm und leitet das Kunstatelier Neuhaus in Münster. Sie ist Ansprechpartnerin für das aus Heilpädagoginnen bestehende Autorinnenteam mit *Samira Boufarache-Doukkali, Simone Füchtler, Nadine Hartke und Julia Stirnberg*.

Bibliografische Information der Deutschen Nationalbibliothek

Die Deutsche Nationalbibliothek verzeichnet diese Publikation in der Deutschen Nationalbibliografie; detaillierte bibliografische Daten sind im Internet über <http://dnb.d-nb.de> abrufbar.
ISBN 978-3-497-03061-3 (Print)

Printed in EU
Cover und Karte 58 unter Verwendung eines Fotos von Eva Neuhaus; Karte 48 unter Verwendung eines Fotos von Samira Boufarache-Doukkali.

Ernst Reinhardt Verlag, Kemnatenstr. 46, D-80639 München
Net: www.reinhardt-verlag.de E-Mail: info@reinhardt-verlag.de

Übersicht über die Impulskarten

10 x Mit Stift und Papier

1 Blindzeichnen
2 Ich sehe was, was du nicht siehst
3 Maldiktat
4 Muster machen
5 Nochmal!
6 Partnerschnecke
7 Rennfahrer Bleier
8 Schöne Dinge erweitern
9 Stiftgespräch
10 Wellenspiel

10 x Anders malen

11 Klatschbilder
12 Klecksen
13 Let it flow
14 Malen mit Pipette
15 Marmorieren
16 Messpainting
17 Murmelmalen
18 Nass-in-Nass-Malen
19 Roll-up
20 Spritzig!

10 x Drucken

21 Blattdruck
22 Decalcomanie
23 Drehdruck
24 Fadendruck
25 Fingerdruck
26 Formendruck
27 Kartoffeldruck
28 Materialdruck
29 Stempeldruck
30 Wickeldruck

10 x Basteln

31 Coole Klorollen
32 Durch die Blume
33 Hefte basteln
34 Mein Name
35 Perlen fädeln
36 Scherenschnitt
37 Schnipselmosaik
38 Streifenbilder
39 Topfblumen
40 Wickelhänger

10 x Formen finden

41 Klebeband übermalen
42 Landart-Motive finden
43 Leimspur
44 Mehlstreubilder
45 Schablonen herstellen
46 Schablonendruck mit der Gelplatte
47 Schablonieren mit Pastellen
48 Schattenbilder
49 Schwarzweißschnitt
50 Spritzbilder

10 x Ich-Bilder

51 KnetIch
52 Knitterbild
53 KöniglIch
54 Körperumrisse
55 Meine Lieblingsfarbe
56 Mein Podest
57 MonsterIch
58 SchnippelIch
59 TierIch
60 Wutkrickelbild

Übersicht über die Impulskarten

Materialliste

Papiere

Tonkarton
Plakatpapier
weißes und farbiges Papier
Geschenkpapier
Tapete
Wellpappe
Zeitschriften/Illustrierte
Zeitungspapier
Foto-/Pappkarton
Fotopapier/Glanzkarton
Aquarellpapier
Verpackungspapier
Verpackungskarton
Seidenpapier
Transparentpapier
…

Zeichenwerkzeuge

Bleistifte
Filzstifte
Buntstifte
Wachsmalstifte
Pastellkreide
Stiftkreisel
Anspitzer
Schaschlikspieße/Holzstab
Feinschreiber
…

Farben/Malmittel

Wasserfarben
Acrylfarben
Fingerfarben
Aquarellfarben
Cromarfarben®
Tinte
Rasierschaum
Spülmittel
Salz
Speisestärke
Kleister
Gips
…

Malwerkzeuge

Pinsel
Schwämme
Pipetten
Schablonen
Spritzsieb
Zahnbürste
Kamm
Wattestäbchen
Salatschleuder
Murmel
Klarsichthülle
Plastikschaber/
Plastikspachtel
Strohhalme
Palette
…

Malzubehör

flache Schalen
Wasserbehälter
Plastikbecher
Karton-/Plastikdeckel
evtl. Staffelei
Schüssel
Lappen
Acrylplatte/Malunterlage
Sprühflasche
Kittel
Wasserspritze
Stuhl
…

Druckwerkzeuge und -materialien

Linoldruckwalze
Schaumstoffwalze
Schaumstoffvlies
Plastikdeckel
Stempel
Kinderstempelkissen
Gelplatte
Acrylplatte
Spielzeuge (Autos, Bausteine, Spielfiguren)
Kartoffelstücke
Moosgummi
Luftpolsterfolie
Strukturtapete
Folie
altes Buch
…

Materialliste

Bastel-/ Gestaltungsmaterialien

Faden/Kordel (Baumwolle)
Perlen
Wackelaugen
Knöpfe
Woll-/Stoffreste
Watte
Draht
Pailletten/Glitzer
Lederbändchen
Nähutensilien
Naturmaterialien
Knete
Modelliermasse
Fotos (Portraitfoto/ Ganzkörperfoto)
Bilderrahmen/Passepartout
Toilettenpapierrollen
Gummibänder
Schuhe/Schnürsenkel
Löffel
Wäscheklammern
Mehl
Sand
Holzstücke
Lebensmittel
Wasser
Seifenblasen
Radiergummi
Flasche
...

Bastel-/ Gestaltungswerkzeuge

Lineal/Geodreieck
Locher
Kinderschere
Sieb
Becher
Ausstechförmchen
Teigrolle
Spiegel
Tablett
Sortierschälchen
Teller/Pappteller
Kistendeckel
Prickelnadel und Prickelunterlage
Schmirgelpapier

Klebeutensilien

Klebeband
Klebestreifen
Washitapes
Klebestift
Kreppband
Tapetenkleister
Bastelkleber
Sticker/Aufkleber
...

nicht für Kinder/hilfreiche Werkzeuge für Erwachsene

Haarspray
Fön
Bügeleisen
Hammer
Zange
Cutter
Schneidemaschine
Messer
Schere
Kamera
Drucker
Kopierer
Heißklebepistole
Stoppuhr
Nägel
Lampe
Pinzette
...

Übersicht Förderschwerpunkte

Motorik

Nochmal! (5)
Rennfahrer Bleier (7)
Wellenspiel (10)
Klecksen (12)
Malen mit Pipette (14)
Spritzig! (20)
Blattdruck (21)
Drehdruck (23)
Fadendruck (24)
Wickeldruck (30)
Coole Klorollen (31)
Scherenschnitt (36)
Wickelhänger (40)
Leimspur (43)
Mehlstreubilder (44)
Schablonen herstellen (45)
Schablonieren mit Pastellen (47)
Fadenziehbild (71)
Kreiselmalen (75)
Fadenspannen (81)
Knetrelief (86)
Bubblefarbe (92)
Farbe bügeln (93)
Farbenschleuder (96)
Pustefarbe (99)

Wahrnehmung

Blindzeichnen (1)
Ich sehe was, was du nicht siehst (2)
Maldiktat (3)
Murmelmalen (17)
Roll-up (19)
Fingerdruck (25)
Formendruck (26)
Materialdruck (28)
Schnipselmosaik (37)
Landart-Motive finden (42)
Spritzbilder (50)
KnetIch (51)
Körperumrisse (54)
Frottage (72)
Malen mit Rasierschaum (76)
Sanddruck (77)
Sandzeichnen (78)
Farbiger Kleistersand (82)
Kleisterrelief (85)
Landart-Formen entwickeln (87)
Gespensterspucke (98)
Quetschfolienbild (100)

Emotionalität/Psyche

Messpainting (16)
Nass-in-Nass-Malen (18)
Decalcomanie (23)
Mein Name (34)
Schablonendruck mit der Gelplatte (46)
Schattenbilder (48)
Knitterbild (52)
KöniglIch (53)
Meine Lieblingsfarbe (55)
Mein Podest (56)
MonsterIch (57)
SchnippelIch (58)
TierIch (59)
Wutkrickelbild (60)
2-Minuten-Collage (61)
Gipsrelief (84)
Naturmandala (89)
Bildhauer (91)
Folienaquarell (97)

Übersicht Förderschwerpunkte

Kognition

Soziabilität

Kommunikation

Praxie

Hinweis

Die Zuordnung von Förderschwerpunkten zu den einzelnen Techniken haben wir im Hinblick auf jeweils spezifische Förderpotenziale vorgenommen.

Die Zuordnung kann als Orientierung verstanden werden, ersetzt jedoch nicht eine individuelle Förderplanung, welche insbesondere an vorhandene Ressourcen anknüpft.

Grundsätzlich eignet sich jede Technik für eine ganzheitliche Förderung im Bereich der Kreativität und der Feinmotorik.

1 Blindzeichnen

Material

- weißes Papier (mind. DIN A3)
- Bleistift oder anderer Stift
- Klebestreifen

Anleitung

- Befestige einen großen Bogen Papier mit Klebestreifen auf dem Tisch.
- Überlege dir ein einfaches Motiv, das du gerne malen möchtest, und suche dir einen passenden Stift aus.
- Schließe deine Augen und denke an dein Motiv.
- Halte die Augen weiterhin geschlossen und fühle, wo dein Papier liegt.
- Male dein Motiv mit geschlossenen Augen auf das Papier.

Förderschwerpunkt

Wahrnehmung:
kinästhetische Wahrnehmung, Raum-Lage-Wahrnehmung

weitere Förderbereiche:
Orientierungsvermögen, Vorstellungsvermögen, Feinmotorik

Variationen

- Partnerarbeit: Maldiktat mit geschlossenen Augen (einfache Motive/Formen)
- unterschiedliche Farben verwenden
- Gesprächsimpuls: „Blind sein“

2 Ich sehe was, was du nicht siehst

Material

- weißes Papier
- Filzstift
- Buntstift oder Bleistift

Anleitung

- Überlege dir eine einfache Form (z.B. einen Kreis).
- Zeichne diese in unterschiedlichen Größen mehrmals mit einem Filzstift auf das Papier.
- Ergänze die einzelne Form jeweils zu einem Motiv oder einer Figur.
- Versuche, möglichst viele unterschiedliche Motive zu finden.
- Wechsle den Stift.

Förderschwerpunkt

Wahrnehmung:
Form- und Gestaltwahrnehmung

weitere Förderbereiche:
Vorstellungsvermögen, Kreativität, Größenverhältnisse, Graphomotorik

Variationen

- weitere Formen finden (z.B. Viereck, Dreieck, Raute)
- Papierbogen zuvor in Kästchen unterteilen (bessere Übersicht)
- Rätselspiel mit Partner
- Geschichte zu ausgewählten Motiven erfinden

3 Maldiktat

Material

- weißes Papier
- bunte Stifte oder Wasserfarben und Pinsel

Anleitung

- Suche dir einen Partner.
- Einigt euch darauf, wer malt und wer diktiert.
- Wenn du diktierst, überlege dir genaue Anweisungen, wie und was der andere malen soll (z.B. Motive, Farben, Größe oder welcher Platz auf dem Papier).
- Mache nach jeder Anweisung eine kurze Pause und warte, bis dein Partner fertig ist.
- Der Maler hört genau zu und malt nur das, was ihm gesagt wird.

Förderschwerpunkt

Wahrnehmung:
auditive Wahrnehmung, Anweisungen hören und umsetzen

weitere Förderbereiche:
Graphomotorik, Farb- und Formauffassung, Raum-Lage-Wahrnehmung, Konzentration

Variationen

- Rollen tauschen
- in einer Gruppe diktieren
- Partner malen nacheinander dasselbe Diktat
- Vergleichen der unterschiedlichen Ergebnisse

Beispieldiktat zum Bild: Zeichne in die Mitte deines Bildes eine große rote Blume. Male darüber eine Sonne. Die Blume steht auf einer grünen Wiese. Neben der Blume liegt ein blauer Ball.

4 Muster machen

Material

- weißes Papier
- schwarzer Buntstift oder Filzstift

Anleitung

- Lege eine Grundform fest (z.B. Quadrat, Kreis, Blume) und zeichne sie mit deinem Stift auf.
- Teile die Fläche in kleinere Stücke auf.
- Fülle jede Einzelfläche mit einem anderen Muster aus (z.B. Streifen, Karos, Punkte, Spiralen, Kreise, Blümchen).

Förderschwerpunkt

Kognition:
Reihen- und Musterbildung, Konzentration, Kreativität

weitere Förderbereiche:
Formwahrnehmung, Entspannung, Geduld, Achtsamkeit, Ausdauer, Sorgfalt

Variationen

- Gruppenarbeit: eine vorgerasterte Grundform verwenden (z.B. Quadrat mit neun Feldern, Schnecke mit Streifen, Haus aus Grundformen)
- Weitergabe nach Rotationsprinzip
- Mustervorgabe
- Ausmalen mit bunten Farben

5 Nochmal!

Material

- schwarzes, festes Papier (z.B. Tonkarton)
- bunte Stifte (z.B. Wachsmalfarben, Kreide oder Buntstifte)
- bei Bedarf Klebestreifen

Anleitung

- Suche dir einen Buchstaben oder eine Form (z.B. Kreis, Haken, Zickzacklinie) aus, den oder die du magst.
- Schreibe ihn groß auf das Papier. Fülle die ganze Fläche aus.
- Schreibe den Buchstaben immer wieder übereinander und verwende dabei immer eine andere Farbe.

Tipp: Kreide verschmiert nicht, wenn man etwas Haarspray darüber sprüht.

Förderschwerpunkt

Motorik:
Graphomotorik, Rotation Handgelenk, Rhythmisierung, Muskeltonusregulation, Rechts-Links-Koordination

weitere Förderbereiche:
Formwahrnehmung, Kinästhetik, Auge-Hand-Koordination

Variationen

- Lieblingszahl schreiben
- Lieblingsform nachfahren
- Schneckenhaus malen: in der Mitte des Blattes beginnen und mit dem Stift kreisförmig immer weiter nach außen wandern

6 Partnerschnecke

Material

- großes, quadratisches Plakatpapier
- Klebestreifen
- schwarzer, dicker Filzstift
- verschiedene Stifte (z.B. Buntstifte, Wachsmaler, Kreiden, Filzstifte)

Anleitung

- Klebt das Papier so auf einem Tisch fest, dass alle mit den Händen die Mitte erreichen können.
- Ein Erwachsener malt mit dem Filzstift eine große Schnecke auf das Papier.
- Sucht euch jeweils einen Stift aus.
- Füllt gemeinsam, ohne zu sprechen, die Schnecke vollständig aus.
- Tauscht zwischendurch eure Plätze.

Förderschwerpunkt

Soziabilität:
Kooperationsfähigkeit, Interaktion, Regelverhalten

weitere Förderbereiche:
Raum-Lage-Orientierung, Kreativität, Entscheidungskompetenz, Handgeschicklichkeit

Variationen

- weitere Farben und Werkzeuge einsetzen (z.B. Acrylfarbe, Stempel, Finger)
- Schnecke mit bunten Papierschnipseln bekleben (z.B. Geschenkpapier, Zeitungspapier)
- Sticker, Washitapes benutzen
- „Fühlschnecke“: Schnecke mit unterschiedlichen Reliefmaterialien bekleben (z.B. Schmirgelpapier, Luftpolsterfolie, Wellpappe)

7 Rennfahrer Bleier

Material

- festes Papier
- Bleistift oder Wachsmalstift
- Klebestreifen

Anleitung

- Klebe das Papier mit Klebestreifen auf dem Tisch fest.
- Male mit deinem Finger eine runde Form in die Luft, die sich gut anfühlt (z.B. einen Kreis, eine Acht oder ein Ei).
- Zeichne diese Form anschließend mit einem Stift, ohne nachzudenken, auf dein Papier.
- Wiederhole deine Form, so oft du kannst.

Förderschwerpunkt

Motorik:
Überkreuzen der Körpermitte, Rhythmisierung, Muskeltonusregulation, Rotation Handgelenk

weitere Förderbereiche:
Kinästhetik, Raum-Lage-Wahrnehmung, Auge-Hand-Koordination, Entspannung, Emotionsregulation

Variationen

- Augen schließen bei sicherer Rhythmisierung
- im Rhythmus der Bewegungen singen oder sprechen
- Bewegung auf weitere Gegenstände übertragen (z.B. mit Spielzeugauto auf dem Boden nachfahren, mit Holzstäbchen in den Sand malen)
- konkretere Aufgabenstellungen (z.B. Figur enthält drei Überkreuzungen, Bewegung zehn Mal wiederholen, 3–10 Minuten lang zeichnen)

8 Schöne Dinge erweitern

Material

- kleines Stück gemustertes Papier (z.B. Geschenkpapier, Tapete)
- größeres einfarbiges Papier
- Klebestift
- Schere
- bunte Stifte (z.B. Filzstifte, Buntstifte, Wachsmalstifte)

Anleitung

- Schneide aus dem gemusterten Papier ein Stück heraus, das dir besonders gut gefällt.
- Klebe es mitten auf das einfarbige Papier.
- Male das Muster oder das Motiv auf der freien Fläche in alle Richtungen weiter.

Förderschwerpunkt

Kognition:
Weiterentwicklung von Ordnungen, Konzentration, Kreativität

weitere Förderbereiche:
Farb- und Formwahrnehmung, Figur-Grund-Wahrnehmung, Graphomotorik

Variationen

- Partnerarbeit: Arbeiten tauschen und vom Partner weitermalen lassen
- Gemeinschaftsarbeit (jeder malt an einer Seite, zwischendurch wird das Papier gedreht)
- Muster/Motive stark vergrößern oder stark verkleinern
- Farbpaletten ändern/schwarz-weiß malen
- Acrylfarben/Wasserfarben und Pinsel verwenden

9 Stiftgespräch

Material

- weißes Papier
- Buntstifte oder Feinschreiber

Anleitung

- Suche dir einen Partner.
- Setzt euch gegenüber an einen Tisch.
- Entscheidet euch jeweils für eine Lieblingsfarbe.
- Legt ein weißes Blatt Papier in die Mitte des Tisches.
- Partner 1 malt zuerst etwas auf das Papier: eine Form, eine Linie oder eine Figur.
- Partner 2 fügt etwas hinzu.
- Zeichnet im Wechsel weiter, bis das Bild fertig ist.
- Während des Zeichnens solltet ihr nicht sprechen.

Förderschwerpunkt

Kommunikation:
nonverbale Kommunikation

weitere Förderbereiche:
Interaktion, Kooperationsfähigkeit, Entscheidungskompetenz, Raum-Lage-Wahrnehmung

Variationen

- Gruppenarbeit
- Farbpalette erweitern
- vorherige Absprachen treffen (z.B. jeweils nur einen Strich malen, immer an die vorherige Zeichnung anknüpfen, Zeit begrenzen)
- Gesprächsimpulse: Bildintention des anderen erraten oder gemeinsam Geschichte zu den Fantasiebildern erfinden

10 Wellenspiel

Material

- Papierbogen
- Stifte (z.B. Feinschreiber, Filzstifte, Buntstifte)
- evtl. Klebestreifen zum Befestigen des Papiers

Anleitung

- Suche dir einen Stift aus und male wellenförmige Linien auf dein Papier.
- Du kannst die Wellen nebeneinander, untereinander oder kreuz und quer malen.
- Fülle das ganze Blatt Papier mit den Wellen aus.

Tipp: Male zu Beginn mit dem Finger Wellen in die Luft, um ein Gefühl für den Schwung zu bekommen!

Förderschwerpunkt

Motorik:
Graphomotorik, Muskeltonusregulation, Rhythmisierung, Überkreuzen der Körpermitte

weitere Förderbereiche:
Figur-Grund-Wahrnehmung, Reihen-/Musterbildung, Auge-Hand-Koordination

Variationen

- Motiv hinzufügen (etwas Ausgeschnittenes oder Sticker aufkleben)
- Themenprojekt (z.B. Unterwasserwelt gestalten)
- verschiedene Schwungmuster ausprobieren (z.B. Schlaufen, Bögen, Zickzackmuster)
- im Rhythmus der Bewegung singen oder sprechen

11 Klatschbilder

Material

- weißes Papier
- Acrylfarbe

Anleitung

- Falte ein Blatt genau in der Mitte.
- Gib ein paar Farbkleckse auf das Papier.
- Falte das Papier am Knick und drücke es fest zusammen.
- Ziehe es vorsichtig wieder auseinander.

Förderschwerpunkt

Praxie:
Koordination der verschiedenen Arbeitsschritte, Handlungsplanung und -steuerung, Sorgfalt

weitere Förderbereiche:
Farbwahrnehmung, Formwahrnehmung (Symmetrie), Bilateralität, Kreativität, Vorstellungsvermögen

Variationen

- Papier mehrfach knicken
- Figuren ausschneiden und in eine Landschaft kleben (z.B. Wasser oder Wiese)
- Formen mit einem dünnen Filzstift weiterzeichnen
- Bilder als Erzählimpulse nutzen
- eine Geschichte zur Figur entwickeln

12 Klecksen

Material

- Löffel
- festes Papier
- Acrylfarbe
- flache Schale
- Behälter mit Wasser
- Zahnbürste
- Zeitungspapier

Anleitung

- Lege Zeitungspapier aus und dein Papier darauf.
- Gib Acrylfarbe in die Schale und füge etwas Wasser hinzu.
- Verrühre die Farbe mit der Zahnbürste.
- Schleudere die Zahnbürste fest über deinem Blatt aus.
- Nimm auch Farbe mit dem Löffel auf und kleckse sie über das Blatt.

Förderschwerpunkt

Motorik:
Kraftdosierung, Muskeltonusregulation, Hand-/Armmotorik

weitere Förderbereiche:
Kinästhetik, Exploration, Kreativität, Selbstwirksamkeit

Variationen

- andere Werkzeuge verwenden (z.B. Pinsel, Lappen oder Schwamm)
- Seifenblasen mit Farbe vermengen und auf ein weißes Papier pusten
- Farbe auf Papier klecksen und mit Strohhalm verpusten

13 Let it flow

Material

- feste Pappe
- weißes Papier
- verdünnte Acryl- oder Fingerfarbe
- Pipetten
- Zeitungspapier
- Wäscheklammern

Anleitung

- Lege dein Zeitungspapier vor einer Wand aus.
- Lehne die feste Pappe an die Wand.
- Klammere dein Papier oben an der Pappe fest.
- Drücke die Pipette zusammen, halte das Ende in die Farbe und lasse los, damit Farbe hochgezogen werden kann.
- Halte die Pipette an den oberen Rand deines Blattes und drücke sie zusammen, damit die Farbe fließen kann. Wiederhole es beliebig oft.

Förderschwerpunkt

Praxie:
Handlungsplanung und -steuerung, Koordination der verschiedenen Arbeitsschritte

weitere Förderbereiche:
Entspannung, Exploration, Kreativität, Feinmotorik, Kraftdosierung

Variationen

- Staffelei oder umgedrehten Stuhl als schrägen Untergrund nutzen
- Gesicht auf Papier malen und kopfüber aufhängen – Kreieren von Frisuren (Farbspuren stellen Haare dar)
- gesamte Farbe auf dem Papier durch festes Drücken der Pipette verspritzen

14 Malen mit Pipette

Material

- festes Papier
- verdünnte Acrylfarben in Schälchen
- Pipetten

Anleitung

- Drücke eine Pipette fest zusammen und halte ihr Ende in die Farbschale.
- Lasse los, damit die Pipette Farbe aufsaugen kann.
- Drücke sie beim Malen vorsichtig zusammen, sodass Farbe auf dein Bild gelangen kann.
- Zeichne ein Bild oder ein Muster.

Förderschwerpunkt

Motorik:
Pinzettengriff, Hand-/Armmotorik, Koordination, Kraftdosierung

weitere Förderbereiche:
Handlungssteuerung, Exploration, Auge-Hand-Koordination

Variationen

- Namen schreiben
- Lieblingstier malen
- verschiedene Formen malen
- zwei Farben innerhalb der Pipette vermischen

15 Marmorieren

Material

- Pappteller
- Rasierschaum aus der Dose
- Fingerfarbe oder Acrylfarbe
- Schaschlikspieß
- Geodreieck oder Lineal
- weißes Papier
- Zeitungspapier

Anleitung

- Sprühe Rasierschaum auf den Pappteller.
- Streiche ihn mit dem Lineal glatt.
- Tropfe Farbe in den Schaum.
- Ziehe mit dem Spieß Spuren.
- Lege dein weißes Blatt darauf und streiche es glatt.
- Ziehe dein weißes Blatt von dem Rasierschaum herunter.
- Streiche den überschüssigen Schaum mit dem Lineal ab.

Förderschwerpunkt

Praxie:
Handlungsplanung und -steuerung, Koordination der verschiedenen Arbeitsschritte, Organisation der Arbeiten

weitere Förderbereiche:
taktil-kinästhetische Wahrnehmung, Auge-Hand- Koordination, Kausalbeziehungen

Variationen

- direkt auf Papier arbeiten (einfachere Variante)
- Farbe verdünnen
- mehrfarbig marmorieren
- Motive zeichnen
- Ostereier verzieren
- Marmorpapier als Hintergrund verwenden (z.B. für Unterwasserwelt)

16 Messpainting

Material

- zehn Papiere gleicher Größe (z.B. Kopierpapier oder Zeitungspapier)
- Behälter mit Wasser
- Farben (z.B. Acrylfarben, Fingerfarben)
- breite Pinsel
- Palette
- Stoppuhr
- feuchter Lappen

Anleitung

- Lege die zehn Papiere aufeinander.
- Gib Farben auf die Palette und lege Pinsel dazu.
- Suche einen freien Platz, an dem du später deine zehn fertigen Bilder ablegen kannst.
- Suche einen Partner, der die Zeit stoppt.
- Bemale das Blatt in 30 Sekunden möglichst vollständig mit Farbe.
- Lege es auf den freien Platz und bemale nacheinander die nächsten Blätter in jeweils 30 Sekunden.

Förderschwerpunkt

Emotionalität/Psyche:
intuitives Handeln, Entspannung, Emotionsregulation

weitere Förderbereiche:
Muskeltonusregulation, Koordination der verschiedenen Arbeitsschritte, Hand-/Armmotorik, Raum-Lage-Wahrnehmung

Variationen

- zusätzliche Regeln festlegen (z.B. Beschränkung auf drei Farben oder ausschließlich Linien malen)
- anderes Malwerkzeug verwenden (z.B. Schwämme oder Hände)
- Papiere weiterverarbeiten (z.B. Collagieren oder als Hintergrund)

17 Murmelmalen

Material

- Kartondeckel
- weißes Papier
- Schere
- Acrylfarbe
- Murmel

Anleitung

- Lege ein Blatt Papier in den Kartondeckel.
- Wenn es nicht passt, schneide es zurecht.
- Tropfe etwas Farbe auf dein Blatt und lege eine Murmel darauf.
- Kippe deinen Karton vorsichtig hin und her von rechts nach links und umgekehrt.
- Wenn du mehr Farbe brauchst, tropfe sie zwischendurch auf das Papier.

Förderschwerpunkt

Wahrnehmung:
Kinästhetik, Raum-Lage-Beziehung

weitere Förderbereiche:
motorische Koordination, Exploration, Konzentration

Variationen

- rund geformte Naturmaterialien anstelle der Murmel verwenden (z.B. Kastanien, Walnüsse, Eicheln oder Steine)
- mehrere Murmeln verwenden
- verschiedene Farben auftropfen
- Farbe verdünnen
- Partnerarbeit, auch in größerem Format

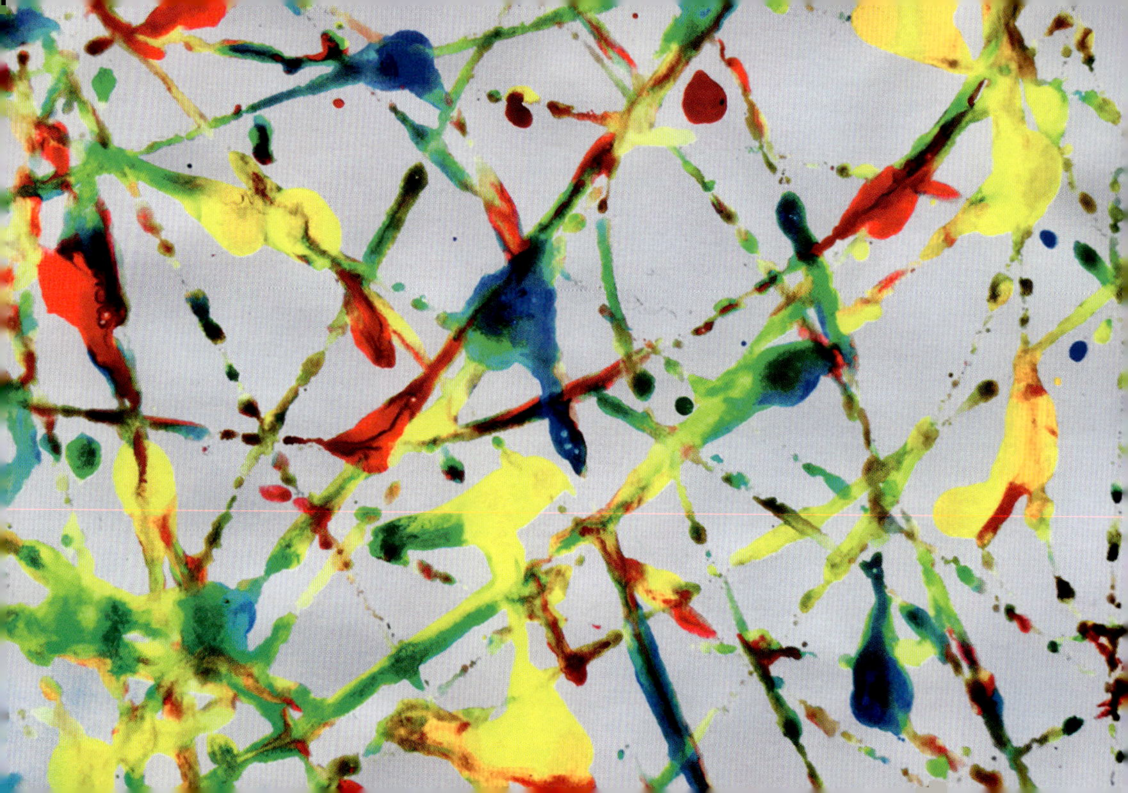

18 Nass-in-Nass-Malen

Material

- Aquarellpapier
- Aquarell- oder Wasserfarben
- Behälter mit Wasser
- breite, weiche Pinsel
- Acrylplatte
- Sprühflasche mit Wasser
- Lappen

Anleitung

- Lege das Papier auf die Acrylplatte.
- Sprühe es mit Wasser ein.
- Warte ein bisschen, bis das Wasser eingezogen ist.
- Wische überflüssiges Wasser mit dem Lappen ab.
- Rühre Farbe mit dem Pinsel an.
- Bemale dein Blatt.

Förderschwerpunkt

Emotionalität/Psyche:
Entspannung, Geduld, Selbstsicherheit, Erfolgserlebnis

weitere Förderbereiche:
Feinmotorik, Farbwahrnehmung, Exploration, Kausalbeziehungen, Muskeltonusregulation

Variationen

- mit Wassermenge experimentieren
- trockene Stellen erzeugen
- Musterverläufe beobachten (z.B. Punkte, Streifen, Wellen)
- Nachbearbeitung des getrockneten Bildes (z.B. hineinstempeln, zerschneiden)
- Bild als Hintergrund verwenden (z.B. als Unterwasserlandschaft)
- Fantasie- oder Traumwelten malen

19 Roll-up

Material

- Acrylplatte
- Linoldruckwalze
- Acrylfarbe
- festes Papier

Anleitung

- Tropfe zwei verschiedene Farben an zwei auseinanderliegenden Stellen auf die Platte.
- Verrolle zuerst einen Farbklecks.
- Dann bewege die Walze immer hin und her in die Richtung der anderen Farbe.
- Nimm die zweite Farbe nach und nach durch Rollen auf und vermische so die Farben vorsichtig.
- Wenn du mit der Farbverteilung zufrieden bist, lege die Walze zur Seite und ein Blatt Papier auf die Farbe.
- Streiche das Papier mit der Hand glatt und ziehe es vorsichtig ab.

Förderschwerpunkt

Wahrnehmung:
Kinästhetik, Raum-Lage-Wahrnehmung

weitere Förderbereiche:
Farblehre, Kraftdosierung, Hand-/Armmotorik, Umgang mit Werkzeugen

Variationen

- mit Wasser experimentieren
- eine dritte Farbe hinzunehmen
- Regenbogenverlauf anlegen
- Papier weiterverarbeiten

20 Spritzig!

Material

- Wasserfarben
- Behälter mit Wasser
- Papier
- Zahnbürste
- Malunterlage

Anleitung

- Lege dein Blatt auf die Unterlage.
- Gib etwas Wasser auf die Wasserfarbe und rühre sie mit deiner Zahnbürste an.
- Halte die Zahnbürste über das Papier und streife fest mit einem Finger über die Borsten.
- Du kannst auch Farbe mit der Zahnbürste aufnehmen und sie mit dem ganzen Arm fest auf das Papier schleudern.
- Große Farbkleckse kannst du verpusten.

Förderschwerpunkt

Motorik:
Feinmotorik, Muskeltonusregulation, Hand-/Armmotorik, isolierte Fingerbewegungen

weitere Förderbereiche:
taktil-kinästhetische Wahrnehmung, Raum-Lage-Wahrnehmung, Selbstwirksamkeit, Frustrationstoleranz

Variationen

- Experimente mit Farbe und Wasser: Wie entstehen dicke und dünne Spritzer?
- über Schablonen spritzen/sprühen
- verschiedene Farben übereinander spritzen
- Sprühbilder als Motive nutzen (z.B. Wolken, Feuerwerk oder ein riesiges „Hatschi“)
- Wasserspritze oder Sprühflasche mit Farbe füllen und auf das Blatt spritzen

21 Blattdruck

Material

- Blätter
- Acrylplatte
- Schaumstoffwalze
- Papier
- Acrylfarbe
- Buch zum Pressen

Anleitung

- Suche Blätter, die auf dem Boden liegen.
- Lege ein Blatt mit der rauen Seite nach oben auf die Platte.
- Falte dein Papier in der Mitte.
- Rolle etwas Farbe auf die Platte.
- Rolle jetzt die Farbe auf das Blatt.
- Lege das Blatt in dein gefaltetes Papier.
- Lege dann das Papier in das Buch.
- Schließe das Buch und drücke es fest zu.
- Nimm das Papier heraus und falte es auseinander.

Förderschwerpunkt

Motorik:
Feinmotorik, Pinzettengriff, Hand-Hand-Koordination

weitere Förderbereiche:
taktile Wahrnehmung, Formwahrnehmung, Handlungsplanung/-steuerung, Umgang mit Werkzeugen

Variationen

- verschiedene Blattformen nutzen
- mehrschichtig drucken
- mehrfarbig drucken
- auf buntes oder bereits bedrucktes Papier drucken (z.B. Buchseiten)
- Druck ausschneiden und als Collageteil verwenden
- Druckmosaik erstellen
- Memory erstellen

22 Decalcomanie

Material

- Acrylplatte
- Papier, Zeitungspapier
- Acryl- oder Cromarfarbe®
- Sprühflasche mit Wasser
- Pinsel, Spachtel, Kamm, Stäbchen, Schaumstoffwalze
- feuchter Lappen

Anleitung

- Lege Zeitung auf zwei Arbeitsplätze und auf einen Platz die Platte.
- Gib eine Farbe auf die Platte.
- Füge etwas Wasser hinzu, wenn die Farbe zu fest ist.
- Verteile die Farbe mit den Händen oder Werkzeugen auf der Platte.
- Lege ein Blatt Papier auf die Farbe und ziehe es wieder ab.
- Lege dein Bild zum Trocknen auf die Zeitung.

Förderschwerpunkt

Emotionalität/Psyche:
intuitives Handeln, Selbstwirksamkeit, Erfolgserlebnis

weitere Förderbereiche:
taktile und visuelle Wahrnehmung, Kreativität, Exploration, Kausalbeziehungen, Organisation der Arbeiten

Variationen

- Muster in die Farbe ritzen und abdrucken
- mit Wasser experimentieren (viel/wenig)
- verschiedene Farben benutzen oder vermischen
- Schichten übereinander drucken (vorher trocknen lassen)
- mit anderen Drucktechniken kombinieren (z.B. Kartoffeldruck)
- auf buntes Papier oder Zeitung drucken
- in die Drucke hineinzeichnen oder -malen, wenn sie getrocknet sind

23 Drehdruck

Material

- Stempel
- Acrylplatte
- Linoldruck- oder Schaumstoffwalze
- Acrylfarbe
- festes Papier
- Klebeband

Anleitung

- Befestige das Papier mit Klebeband auf der Tischplatte.
- Verteile Farbe mit der Rolle auf der Acrylplatte.
- Drücke den Stempel in die Farbe.
- Setze den Stempel auf das Papier, drücke ihn gut an und drehe ihn dann.

Förderschwerpunkt

Motorik:
Rotation Handgelenk, Muskeltonusregulation, Kraftdosierung, Koordination

weitere Förderbereiche:
taktil-kinästhetische und visuelle Wahrnehmung, Auge-Hand-Koordination, Handlungsplanung und -steuerung

Variationen

- verschiedene Stempel ausprobieren
- Reihen bilden
- beidhändig drehdrucken
- Drucke als Hintergrund benutzen (z.B. Kirmes)
- Abdrucke weiter ausgestalten

24 Fadendruck

Material

- verdünnte schwarze Acrylfarbe
- Behälter mit Wasser
- Schälchen
- Baumwollfaden (z.B. Häkelgarn)
- große Perle
- Borstenpinsel
- Papier

Anleitung

- Fülle etwas Farbe in ein Schälchen.
- Lege den Faden in die Farbe und halte ihn an einem Ende fest. Du kannst ihn an einer Perle befestigen.
- Tränke den Faden mit Farbe. Der Pinsel kann dabei helfen.
- Ziehe den Faden aus der Farbe und lege ihn auf das Papier.
- Hebe ihn vorsichtig wieder hoch und lege ihn zurück in das Schälchen.

Förderschwerpunkt

Motorik:
Feinmotorik, Pinzettengriff, Handgeschicklichkeit, Koordination

weitere Förderbereiche:
Figur-Grund-Wahrnehmung, Raum-Lage-Wahrnehmung, Gestaltidentifikation, Erzählimpulse

Variationen

- mit unterschiedlich langen und dicken Fäden drucken
- geschlossene Felder mit Farbe ausfüllen
- Figuren erkennen und ausarbeiten
- Gruppenarbeit, bei der jedem Teilnehmer ein Faden mit einer Farbe zugeordnet wird
- unterschiedliche Farben verwenden

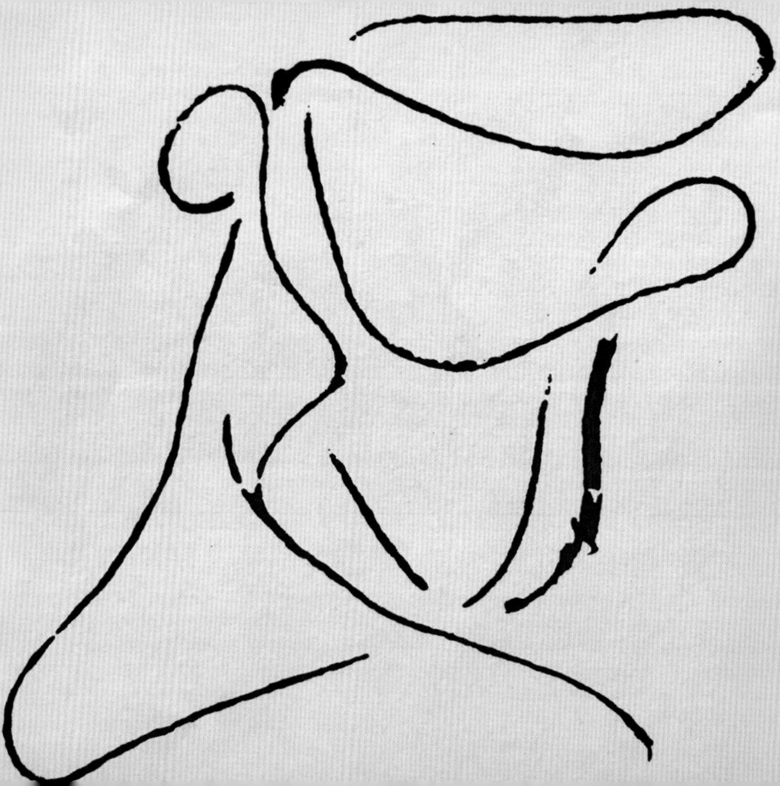

25 Fingerdruck

Material

- Papier
- Stempelkissen mit verschiedenen Farben
- feuchter Lappen

Anleitung

- Drücke einen Finger in ein Stempelkissen und drucke damit auf das Papier.
- Drucke ein Muster oder ein Bild.
- Wische deinen Finger am feuchten Lappen ab, bevor du die Farbe wechselst.

Förderschwerpunkt

Wahrnehmung:
taktil-kinästhetische Wahrnehmung, Tiefensensibilität, Auge-Hand-Koordination

weitere Förderbereiche:
Feinmotorik, isolierte Fingerbewegungen, Kraftdosierung, Kreativität, Muster- und Reihenbildung

Variationen

- selbst Stempelkissen herstellen: ein passendes Schaumstoffstück in einen alten Plastikdeckel legen, Farbe auf den Schaumstoff drücken und mit einer Rolle oder den Fingern verteilen
- beidhändig drucken
- mit anderen Körperteilen drucken
- einzelne Fingerprints mit Zeichnungen zu Figuren oder Motiven ausarbeiten (z.B. Tiere, Männchen, Vögel)

26 Formendruck

Material

- flacher Plastikdeckel mit Rand
- Schaumstoffvlies
- Schere
- Pinsel oder Linoldruckwalze
- Acryl- oder Cromarfarbe®
- Formen (z.B. Klötzchen, Holzstab, Bausteine, Schaumstoffstückchen)
- Papier
- feuchtes Tuch zum Abwischen der Formen

Anleitung

- Schneide das Vlies auf die Größe des Plastikdeckels zurecht und lege es in den Deckel.
- Gib Farbe auf das Vlies.
- Verteile sie mit Pinsel oder Rolle.
- Drücke die Formen in die Farbe und drucke auf das Papier.
- Wenn du die Farbe wechselst, wische deine Stempel ab.

Förderschwerpunkt

Wahrnehmung:
taktile Wahrnehmung, Formwahrnehmung, Raum-Lage-Wahrnehmung

weitere Förderbereiche:
Kraftdosierung, Hand-/Armmotorik, Koordination, Koordination der Arbeitsschritte

Variationen

- Muster drucken
- bereits gestaltetes Papier verwenden
- Größe variieren
- Figuren drucken
- Formen durch Stiftzeichnung ergänzen
- verschiedene Schichten übereinander drucken
- Formen selbst schneiden (z.B. Radiergummi, Moosgummi, Kartoffel)

27 Kartoffeldruck

Material

- Kartoffel
- Messer
- dickes Papier
- Acrylplatte
- Linol- oder Schaumstoffwalze
- Acrylfarbe

Anleitung

- Gib etwas Farbe auf die Platte.
- Verteile die Farbe gleichmäßig mit der Rolle.
- Halbiere die Kartoffel.
- Drücke die Kartoffel mit der Schnittfläche in die Farbe.
- Stempele die Farbe auf das Papier.
- Wiederhole das Drucken, so oft du Lust hast.

Förderschwerpunkt

Praxie:
serielles Handeln, Sauberkeit/Sorgfalt, Organisation der Arbeiten, Umgang mit Werkzeugen

weitere Förderbereiche:
Muskeltonusregulation, Koordination, taktil-kinästhetische Wahrnehmung, Formwahrnehmung, Reihen- und Musterbildung

Variationen

- mit verschiedenen Farben drucken
- Muster ausprobieren
- mehrlagig drucken
- mit dem Messer Formen schnitzen (z.B. ein Dreieck oder Viereck)
- das bedruckte Papier weiterverarbeiten (z.B. zu Geschenkpapier oder einem Bucheinband)
- ein Gruppenbild drucken

28 Materialdruck

Material

- festes Papier
- Reliefmaterial (z.B. Luftpolsterfolie, Wellpappe, Tapetenreste)
- Acrylplatte
- Acrylfarbe
- Schaumstoffwalze

Anleitung

- Walze etwas Farbe auf der Platte aus.
- Rolle die Walze über dein Druckmaterial.
- Lege das eingefärbte Material mit der Farbe nach unten auf dein Papier.
- Drücke es mit der Hand fest an.
- Ziehe eine Ecke hoch und schaue nach, ob der Druck gelungen ist.
- Wenn er zu schwach ist, drücke noch einmal fester an.

Förderschwerpunkt

Wahrnehmung:
taktile und visuelle Wahrnehmung, Raum-Lage-Wahrnehmung, Auge-Hand-Koordination

weitere Förderbereiche:
Exploration, Kreativität, Kraftdosierung, Kausalbeziehungen

Variationen

- verschiedene Farben benutzen
- verschiedene Muster übereinander drucken
- bedrucktes Papier weiterverarbeiten (z.B. für Collagen)
- Memory herstellen

29 Stempeldruck

Material

- Stempel
- Stempelkissen
- Papier
- Illustrierte, Zeitschriften
- bunte Papiere

Anleitung

- Drücke deinen Stempel in das Stempelkissen.
- Drucke auf das Papier.
- Wenn du passende Hintergründe findest, drucke auf dieses Papier.

Tipp: Wenn du keine Stempel hast, kannst du andere Gegenstände nehmen (z.B. Korken, Klötzchen, Spielzeuge, Stiftenden). Eine weitere Möglichkeit: Ritze in ein Radiergummi etwas hinein und stempele damit.

Förderschwerpunkt

Praxie:
serielles Handeln, Sauberkeit/Sorgfalt, Organisation der Arbeiten, Umgang mit Werkzeugen

weitere Förderbereiche:
Kraftdosierung, Auge-Hand-Koordination, Erfolgserlebnis, Entscheidungskompetenz, Raum-Lage-Wahrnehmung

Variationen

- Muster stempeln
- verschiedene Farben benutzen
- Stempelkissen selbst herstellen
- Gelplatte benutzen

30 Wickeldruck

Material

- Holzwürfel
- Baumwollkordel
- Klebeband
- Acrylfarbe
- Acrylplatte
- Schaumstoffwalze
- festes Papier

Anleitung

- Wickele die Kordel um den Würfel.
- Befestige die Enden mit Klebeband auf einer Seite.
- Verteile Farbe gleichmäßig auf der Acrylplatte.
- Drücke den Würfel in die Farbe.
- Drucke mit dem Würfel auf das Papier.

Förderschwerpunkt

Motorik:
Hand-/Armmotorik, Handgeschicklichkeit, Muskeltonusregulation, Kraftdosierung, Koordination

weitere Förderbereiche:
Reihen-/Musterbildung, Kreativität, taktile und visuelle Wahrnehmung

Variationen

- verschiedene Muster erfinden
- Würfel beim Drucken drehen
- Farbvariationen ausprobieren
- andere Objekte umwickeln (z.B. eine Flasche)
- Hintergrund- und Geschenkpapiere herstellen
- neue Techniken des Wickeldrucks erfinden

31 Coole Klorollen

Material

- Toilettenpapierrolle
- Acrylfarbe
- Pinsel
- Behälter mit Wasser
- Bastelkleber
- Materialien zum Verzieren (z.B. Wackelaugen, Wollreste, Federn, Knöpfe, Wattepompons, Draht)

Anleitung

- Male die Klopapierrolle mit Pinsel und Farbe an.
- Lass die Farbe trocknen.
- Male ein Gesicht oder klebe es auf.
- Verziere dein cooles Gesicht, indem du es richtig verrückt ausschmückst.

Förderschwerpunkt

Motorik:
Feinmotorik, Handgeschicklichkeit, Pinzettengriff

weitere Förderbereiche:
Kreativität, Vorstellungsvermögen, Entscheidungskompetenz, Umdeutung von Alltagsgegenständen, Erzählimpulse, Interaktion

Variationen

- Tiere gestalten
- Fantasiewesen verzieren
- Familien gestalten
- Rollenspiele erfinden
- Stories fotografieren

32 Durch die Blume

Material

- dünner Draht
- Knöpfe oder Perlen
- Schere oder Bastelzange

Anleitung

- Schneide ein Stück Draht ab.
- Wickle ihn einige Male um vier Finger deiner Hand und streife ihn anschließend wieder ab.
- Umwickle die Mitte der Schlaufen mit einem Drahtende.
- Stecke eine Perle oder einen Knopf auf das Drahtende und biege es fest um die Schlaufen.
- Ziehe die Blütenblätter fächerförmig aus-einander.
- Verdrehe die beiden Drahtenden zu einem Stängel.

Förderschwerpunkt

Kognition:
räumliches Vorstellungsvermögen, Aufgabenverständnis, Konzentration

weitere Förderbereiche:
Auge-Hand-Koordination, Raum-Lage-Wahrnehmung, Handgeschicklichkeit, Pinzettengriff

Variationen

- dicken Draht verwenden (z.B. Aluminiumdraht)
- Töpfchen mit Sand füllen und Drahtblumen hineinstecken
- Blumenwiese herstellen
- Blumenmobile anfertigen

33 Hefte basteln

Material

- einige Bogen dünnes, einfarbiges Papier in der gleichen Größe
- festes Papier in gleicher Größe
- Schere
- Gummiband

Anleitung

- Lege die dünnen Papiere auf das feste Papier.
- Falte die Papiere in der Mitte. Das feste Papier liegt außen.
- Schneide mit der Schere Kerben oben und unten in den Knick.
- Streife ein Gummiband so über das Heft, dass es in den Kerben hängen bleibt.
- Zum Schluss kannst du die Ecken mit der Schere rund schneiden.

Förderschwerpunkt

Praxie:
Sorgfalt, Koordination der verschiedenen Arbeitsschritte

weitere Förderbereiche:
Handgeschicklichkeit, Überkreuzen der Körpermitte, Auge-Hand-Koordination

Variationen

- Pappe des Umschlags selbst gestalten (bekleben, bemalen, bedrucken)
- Papierbogen zusammennähen oder -tuckern
- Themenbücher erstellen
- Scrapbook anfertigen
- Daumenkino herstellen
- Ich-Buch zusammenstellen
- Malheft anlegen

34 Mein Name

Material

- weißer Karton
- schwarzer, dicker Filzstift
- bunte Stifte oder Farben
- verschiedene Bastelmaterialien (z.B. bunte Papierschnipsel, Sticker, Pailletten, Glitzer)
- Klebestift
- ggf. Schere

Anleitung

- Bitte einen Erwachsenen, die Buchstabenumrisse deines Namens auf den Karton zu zeichnen.
- Male die Buchstaben in deinen Lieblingsfarben aus.
- Verziere deinen Namen mit Materialien, die dir gefallen und die gut zu dir passen.

Förderschwerpunkt

Emotionalität/Psyche:
Selbstdarstellung/Selbstbild, Identität, Selbstwirksamkeit

weitere Förderbereiche:
Formwahrnehmung, Feinmotorik, Handgeschicklichkeit, Wortschatz/Wortbedeutung, Erzählimpulse

Variationen

- Buchstaben mit Fingerprints ausfüllen
- Buchstaben mit geknülltem Seidenpapier bekleben
- andere Namen- oder Wortbilder ausgestalten
- Umrisse von Lebewesen oder Gegenständen ausgestalten

TiM

35 Perlen fädeln

Material

- bunte Perlen
- Faden/Lederschnur
- Schere
- Sortierschälchen

Anleitung

- Schneide mit der Schere ein Stück Faden ab.
- Ziehe eine kleine Perle auf.
- Knote ein Fadenende um die Perle. Mache einen Doppelknoten.
- Stecke das andere Fadenende durch die Löcher der Perlen und fädle sie auf.

Förderschwerpunkt

Kognition:
Reihen-/Musterbildung, Weiterentwicklung von Ordnungen, Kategorienbildung, Mengenauffassung, Konzentration

weitere Förderbereiche:
Feinmotorik, Pinzettengriff, Lateralität, Farb- und Formwahrnehmung, Raum-Lage-Wahrnehmung, Auge-Hand-Koordination

Variationen

- Perlen nach Größe, Form, Farbe, Material vorsortieren
- Musterreihen bilden und auffädeln
- Schmuckteile herstellen
- Faden durch Draht ersetzen und Schlaufen einarbeiten
- Mobiles aus mehreren Ketten basteln
- Rechenketten auffädeln

36 Scherenschnitt

Material

- dünnes Papier in quadratischer Form
- Schere

Anleitung

- Falte den Papierbogen in der Mitte und streiche die Kante glatt.
- Falte das Papier noch einmal in der Mitte und streiche die Kante wieder glatt.
- Aus dem neuen Viereck faltest du jetzt ein Dreieck.
- Schneide Muster in die Kanten.
- Falte das Papier vorsichtig auseinander.

Förderschwerpunkt

Motorik:
Feinmotorik, Handgeschicklichkeit

weitere Förderbereiche:
Raum-Lage-Wahrnehmung, Kausalbeziehung, Konzentration, Vorstellungsvermögen, Aufgabenverständnis

Variationen

- auf Tonkarton aufkleben
- Papierlücken mit bunten Papierkügelchen bekleben oder ausmalen
- unterschiedliche Papierfarben und Papiergrößen verwenden
- als Fensterbild aufhängen
- Scherenschnitte mit Transparentpapier bekleben
- als Schablone benutzen

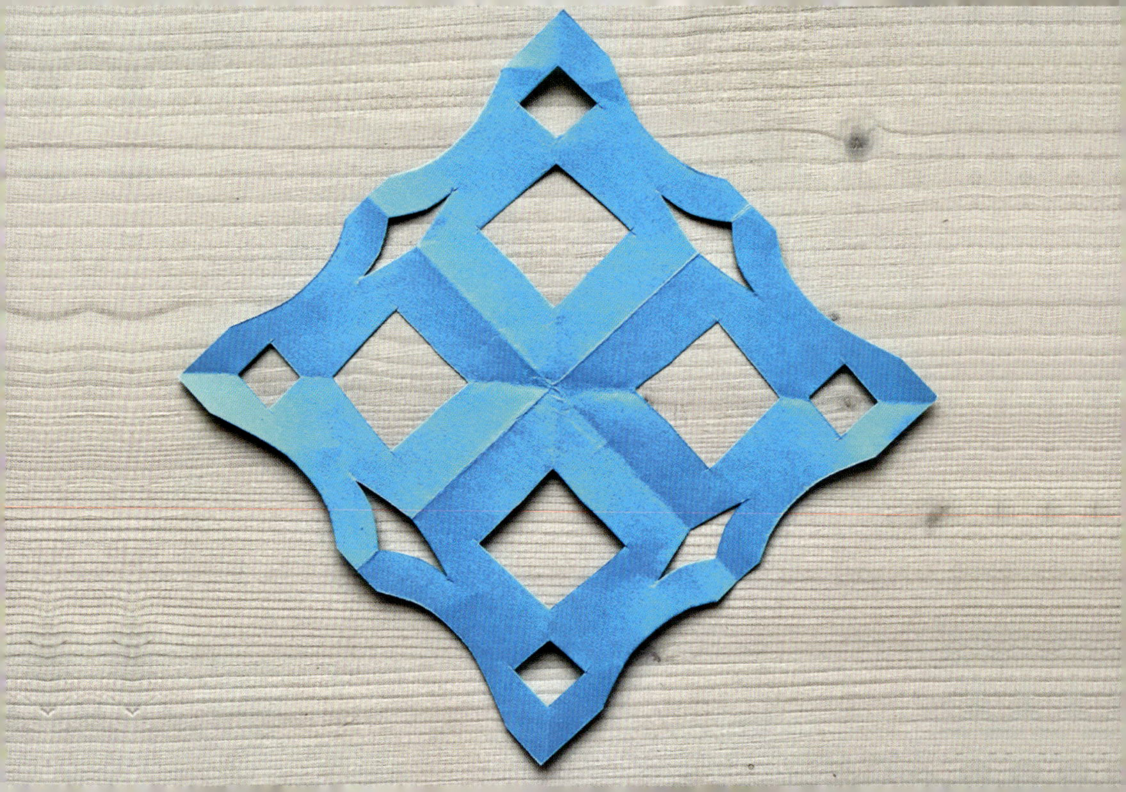

37 Schnipselmosaik

Material

- bunte Papier- oder Kartonreste
- Schere
- schwarzer oder weißer Fotokarton
- Klebestift

Anleitung

- Suche dir schöne Papierschnipsel aus der Restekiste aus.
- Reiße oder schneide sie in ungefähr gleich große Schnipsel.
- Klebe einen Schnipsel auf die Mitte des Fotokartons.
- Klebe weitere Schnipsel neben den ersten.
- Achte darauf, dass die Kanten zueinander passen.
- Lass immer einen kleinen Spalt zum Nebenschnipsel übrig.

Förderschwerpunkt

Wahrnehmung:
visuelle Formwahrnehmung, Figur-Grund-Wahrnehmung

weitere Förderbereiche:
Entscheidungskompetenz, Reihen-/Musterbildung, Größenverhältnisse, Pinzettengriff, Handgeschicklichkeit

Variationen

- farbige Muster aus Papierschnipseln legen
- Mandalas aus Papierschnipseln gestalten
- Motive legen (z.B. Blumen, Sterne, Sonne)
- Buntpapier selbst gestalten (bemalen, bedrucken, batiken) und anschließend kleinschneiden/-reißen
- Mosaik erstellen (z.B. Scherben, Steine oder Muscheln in Gips)

38 Streifenbilder

Material

- Papierreste (z.B. Geschenkpapier, Tapete, Papierverpackungen)
- Schere
- Tonkarton
- Klebestift oder Tapetenkleister

Anleitung

- Schneide die Papiere mit einer Schere in Streifen.
- Bestreiche den Tonkarton mit Klebstoff.
- Klebe die Streifen eng nebeneinander auf.
- Wenn ein Streifen zu kurz ist, klebe einen weiteren an das Ende.
- Schneide zum Schluss die überstehenden Enden oben und unten ab.

Tipp: Wenn der Kleber zu schnell trocknet, bestreiche zunächst einmal nur die Hälfte deines Tonkartons.

Förderschwerpunkt

Praxie:
serielles Handeln, Sorgfalt

weitere Förderbereiche:
Reihen-/Musterbildung, Weiterentwicklung von Ordnungen, Kreativität, Feinmotorik, Pinzettengriff

Variationen

- Streifen nach Farben vorsortieren
- Muster bilden (z.B. abwechselnd helle und dunkle Farben, dicke und dünne Streifen)
- Schwarz-Weiß-Muster zusammenstellen
- Regenbogenfarben legen (rot, orange, gelb, grün, blau, indigoblau, violett)
- Papier zuvor selbst gestalten (bemalen, stempeln, bedrucken)

39 Topfblumen

Material

- Becher aus dünnem Plastik oder Karton (z.B. Eis-, Joghurt- oder Trinkbecher)
- Schere
- weiteres Bastelmaterial (z.B. Pfeifenputzer, Schaschlikstäbchen, Filz, Tonkarton, Stoff, Perlen)

Anleitung

- Schneide den Becher mit der Schere vom oberen Rand bis hinunter zum Boden ein.
- Setze diese geraden Schnitte in gleichen Abständen ringsherum fort.
- Biege die Streifen nach außen hin auf.
- Finde für deine Blume einen Stiel und Blätter.

Förderschwerpunkt

Kognition:
räumliches Vorstellungsvermögen, Kreativität, Exploration

weitere Förderbereiche:
Raum-Lage-Wahrnehmung, Auge-Hand-Koordination, Handgeschicklichkeit, Hand-/Armmotorik

Variationen

- Blüte ausgestalten (z.B. Perlen in die Mitte kleben)
- Blumen anmalen
- Blumenwiese mit Schmetterlingen und Bienen aus Pfeifenputzerdraht gestalten
- Frisbee-Scheibe oder weitere Flugobjekte herstellen
- Windräder basteln

40 Wickelhänger

Material

- Pappe
- Becher
- Bleistift
- Kordel
- Schere
- Locher oder Lochzange
- Klebeband

Anleitung

- Stelle den Becher kopfüber auf die Pappe.
- Umrande ihn ringsherum mit einem Bleistift.
- Schneide den Kreis mit der Schere aus.
- Stanze mit deinem Lochgerät Kerben in den Rand.
- Führe die Kordel von einer Kerbe quer über den Kreis zur Kerbe gegenüber. (Es soll aussehen wie eine Torte.)
- Klebe die Enden der Kordel auf der Rückseite mit Klebeband fest.

Förderschwerpunkt

Motorik:
Feinmotorik, Handgeschicklichkeit, Pinzettengriff, Überkreuzen der Körpermitte

weitere Förderbereiche:
Raum-Lage-Wahrnehmung, Aufgabenverständnis, Umgang mit Werkzeugen, Koordination der verschiedenen Arbeitsschritte

Variationen

- Hänger ausschmücken
- verschiedene Kordeln zusammendrehen und anschließend wickeln
- Girlanden herstellen
- thematische Gruppenarbeit für Dekoration (z.B. Weihnachtskugeln, Bälle, Blumen, Torten)

41 Klebeband übermalen

Material

- Fotopapier oder Glanzkarton
- Behälter mit Wasser
- breiter Pinsel
- Acrylfarben
- Lappen
- Kreppband

Anleitung

- Reiße Streifen vom Kreppband ab und klebe sie auf das Papier.
- Übermale die gesamte Fläche mit Acrylfarbe.
- Lass die Farbe trocknen.
- Ziehe die Kreppstreifen ab und klebe sie an anderen Stellen auf das Papier.
- Übermale die Fläche mit einer anderen Farbe.
- Entferne die Kreppstreifen, wenn auch diese Farbe getrocknet ist.

Förderschwerpunkt

Kognition:
Reihen-/Musterbildung, Kausalbeziehung, Kreativität

weitere Förderbereiche:
Figur-Grund-Wahrnehmung, Koordination der verschiedenen Arbeitsschritte, Geduld, Sorgfalt

Variationen

- Regeln ändern (z.B. bei jedem Malvorgang nur eine Hälfte der Fläche übermalen – das Papier jeweils um 90 Grad drehen)
- Muster kleben (z.B. gestreift, kariert, dreieckig, durcheinander)

42 Landart-Motive finden

Material

- Naturumgebung
- ggf. Kamera

Anleitung

- Gehe in den Wald oder in einen Park.
- Schaue dir alles genau an.
- Manchmal kannst du Formen in der Natur entdecken, die wie ein Mensch, ein Tier oder ein Gegenstand aussehen.
- Wenn es möglich ist, kannst du die Formen auch ertasten.
- Bitte einen Erwachsenen, ein Foto davon zu machen.

Förderschwerpunkt

Wahrnehmung:
visuelle und taktile Formwahrnehmung, Figur-Grund-Wahrnehmung

weitere Förderbereiche:
Vorstellungsvermögen, Geduld, Gestaltidentifikation, Erzählimpulse

Variationen

- Foto ausdrucken
- Motiv vergrößern oder verkleinern
- Motiv übermalen
- Motiv ausschneiden und vor einen Hintergrund setzen
- Rahmen benutzen
- gezielt nach Formen in der Umgebung suchen (z.B.: Was ist alles rund oder stabförmig?)

43 Leimspur

Material

- Fotopapier oder Glanzkarton
- Bastelkleber in der Tube
- Acrylfarbe
- Pinsel
- Behälter mit Wasser
- Lappen
- flaches Werkzeug (z.B. Schaber oder Spatel)

Anleitung

- Drücke eine Leimspur aus der Tube auf dein Untergrundpapier.
- Lasse die Leimspur trocknen.
- Übermale die die ganze Fläche vollständig mit Acrylfarbe.
- Löse die Leimspur vorsichtig vom Papier.
- Wenn es mit den Fingern nicht geht, nimm ein flaches Werkzeug zur Hilfe.

Förderschwerpunkt

Motorik:
Hand-/Armmotorik, Muskeltonusregulation, Kraftdosierung

weitere Förderbereiche:
taktile Wahrnehmung, Problemlösungsstrategien, Koordination der verschiedenen Arbeitsschritte, Geduld, Figur-Grund-Wahrnehmung, Umgang mit Erfolg/Misserfolg

Variationen

- verschiedene Kleber, Papiere und Farben ausprobieren
- mehrschichtig arbeiten
- geheime Zeichen erfinden

44 Mehlstreubilder

Material

- schwarzes Papier
- Mehl
- Löffel
- Sieb
- Formen (z.B. Schere, ein Blatt)
- Zeitungspapier
- ggf. Kamera

Anleitung

- Breite Zeitung auf dem Tisch aus.
- Lege dein schwarzes Papier darauf.
- Lege eine Schere oder eine andere Form auf das schwarze Papier.
- Gib etwas Mehl mit dem Löffel in das Sieb.
- Halte das Sieb über dein Papier und lass das Mehl langsam über die Fläche rieseln.
- Nimm vorsichtig die Form vom schwarzen Papier.
- Bitte einen Erwachsenen, ein Foto davon zu machen.

Förderschwerpunkt

Motorik:
Feinmotorik, Handgeschicklichkeit, Kraftdosierung

weitere Förderbereiche:
Figur-Grund-Wahrnehmung, Vorstellungsvermögen, Koordination der verschiedenen Arbeitsschritte, Kausalbeziehung, Sorgfalt, Frustrationstoleranz

Variationen

- Ratespiele entwickeln
- Sammlungen (z.B. zum Thema Blattformen, Jahreszeiten, geometrische Formen), Collagen erstellen
- Motive verwischen, wegblasen
- selbsthergestellte Schablone als Motiv verwenden
- Fläche mit Mehl bestäuben und mit verschiedenen Werkzeugen etwas zeichnen (z.B. Wattestäbchen, Lineal, Finger)

45 Schablonen herstellen

Material

- kleines Stück festes Papier
- Schere oder Prickelnadel mit Unterlage
- Acrylpatte
- Acrylfarbe
- Farbwalze

Anleitung

- Knicke das feste Papier in der Mitte.
- Schneide, prickle oder reiße eine Form in die geknickte Seite.
- Falte die Schablone auseinander.
- Lege sie auf ein Papier.
- Rolle mit einer Walze Farbe darüber.

Förderschwerpunkt

Motorik:
Feinmotorik, Handgeschicklichkeit

weitere Förderbereiche:
Formwahrnehmung, Figur-Grund-Wahrnehmung, Kausalbeziehung, Aufgabenverständnis, Handlungsplanung und -steuerung

Variationen

- positiv und negativ schablonieren
- vielfach schablonieren
- einen gestalteten Hintergrund verwenden
- Schablone besprühen, ausmalen, abtupfen

46 Schablonendruck mit der Gelplatte

Material

- Gelplatte
- Acrylplatte
- Cromarfarbe®
- Linoldruckwalze
- Schablone
- Papier

Anleitung

- Verteile mit der Walze Farbe auf der Gelplatte.
- Lege eine Schablone auf die Farbe.
- Lege ein Papier auf die Schablone und streiche mit der flachen Hand fest darüber.
- Entferne vorsichtig das Papier und lege es zum Trocknen zur Seite.
- Ziehe die Schablone ab und lege sie zur Seite.
- Lege ein weiteres Papier auf die Gelplatte und drucke noch einmal.

Förderschwerpunkt

Emotionalität/Psyche:
Erfolgserlebnis, Selbstwirksamkeit, Achtsamkeit

weitere Förderbereiche:
Muskeltonusregulation, taktil-kinästhetische Wahrnehmung, Figur-Grund-Wahrnehmung, Kausalbeziehung, Umgang mit Werkzeugen

Variationen

- mit mehreren Farben drucken
- verschiedene Schichten übereinander drucken
- Drucke als Hintergründe oder Geschenkpapiere weiterverwenden
- Materialien auf der Gelplatte verteilen, darauf das Papier legen und ausrollen (z.B. Fäden)

47 Schablonieren mit Pastellen

Material

- weiche Pastellkreide
- Schablone
- festes Papier
- Kreppband
- Schwämmchen oder Läppchen
- Haarspray

Anleitung

- Klebe dein Papier mit etwas Kreppband auf den Tisch.
- Lege die Schablone auf das Papier und befestige sie an zwei Stellen mit einem kleinen Stück Kreppband.
- Streiche vorsichtig mit Pastellkreide über die Schablone.
- Verreibe die Farbe mit einem Läppchen.
- Nimm die Schablone herunter.
- Sprühe Haarspray darüber, damit die Farbe nicht verwischt.

Förderschwerpunkt

Motorik:
Muskeltonusregulation, Hand-/Armmotorik

weitere Förderbereiche:
Figur-Grund-Wahrnehmung, Formwahrnehmung, taktile Wahrnehmung, Koordination der verschiedenen Arbeitsschritte, Sorgfalt

Variationen

- verschiedene Schichten übereinanderlegen
- unterschiedliche Farben verwenden
- Farbverläufe explorieren (z.B. Regenbogenbild)
- Figuren ausschneiden

48 Schattenbilder

Material

- Lampe oder Sonne
- verschiedene Gegenstände oder auch du selbst
- eine leere Fläche
- Kamera

Anleitung

- Halte deine Gegenstände zwischen die Sonne oder Lampe und die leere Fläche.
- Schaue, welche Schatten auf die Fläche fallen.
- Bewege dich oder deine Gegenstände und beobachte dein Schattenbild.
- Bitte einen Erwachsenen, ein Foto von deinem Schattenbild zu machen.

Förderschwerpunkt

Emotionalität/Psyche:
Selbstdarstellung/Selbstbild, Selbstwirksamkeit

weitere Förderbereiche:
Körperschema, visuelle Wahrnehmung, Raum-Lage-Wahrnehmung, Kausalbeziehung, Interaktion

Variationen

- Gruppenbild konstruieren
- Darstellung von Motiven (z.B. Tiere) oder Gefühlen mit den Händen oder dem ganzen Körper
- Figuren erfinden und gestalten
- Collage mit einer seriellen Bildabfolge erstellen
- Schattenbilder aus Pappe herstellen, passende Hintergründe entwerfen
- Schattentheater aufführen/auf eine Wand projizieren

49 Schwarzweißschnitt

Material

- schwarzes und weißes Papier
- Schere oder Prickelnadel mit Unterlage
- Klebestift

Anleitung

- Schneide dein Papier so zurecht, dass das schwarze Blatt doppelt so groß ist wie das weiße.
- Schneide, prickle oder reiße aus dem weißen Papier eine Form aus.
- Falte das schwarze Papier einmal in der Mitte.
- Klebe die weiße Form links an den Knick.
- Das weiße Reststück klebst du gegenüber auf die rechte Seite.

Förderschwerpunkt

Praxie:
Koordination der verschiedenen Arbeitsschritte, Sorgfalt

weitere Förderbereiche:
Aufgabenverständnis, Handmotorik, Formwahrnehmung, Figur-Grund-Wahrnehmung, Raum-Lage-Wahrnehmung, Lateralität, Erfolgserlebnis

Variationen

- farbiges Papier ausprobieren und Kontraste herstellen
- Bild beschriften oder übermalen
- Formen schneiden, die im Gesamtbild ein Motiv ergeben (z.B. ein Tier oder eine Blüte)

50 Spritzbilder

Material

- festes Papier oder Karton
- Formen zum Auflegen (geometrische Formen oder Alltagsgegenstände)
- Behälter mit Wasser
- flache Schale
- Borstenpinsel oder Zahnbürste
- Acrylfarben
- Lappen
- Sieb

Anleitung

- Lege eine Form auf das Papier.
- Tauche die Zahnbürste in die Farbe und halte sie über dein Papier.
- Streife mit der Zahnbürste fest über das Sieb.
- Bespritze vor allem die Ränder der Form.

Förderschwerpunkt

Wahrnehmung:
visuelle Formwahrnehmung, Figur-Grund-Wahrnehmung, taktil-kinästhetische Wahrnehmung

weitere Förderbereiche:
Hand-/Armmotorik, isolierte Fingerbewegung, Umdeutung von Alltags-gegenständen, Kausalbeziehung, Selbstwirksamkeit, Sorgfalt

Variationen

- verschiedene Farben, Formen, Schichten ausprobieren
- Ratespiel entwickeln
- Bild im Anschluss bearbeiten (z.B. überzeichnen)
- Spritzbilder ohne Form erstellen
- Motive in den Spritzbildern erkennen und mit einem Stift nachzeichnen

51 Knetlch

Material

- Knete/Modelliermasse

Anleitung

- Schaue dir deinen Körper an. Welche Teile gibt es?
- Forme die einzelnen Teile aus Knete.
- Füge sie zusammen. An welche Stellen gehören sie?

Förderschwerpunkt

Wahrnehmung:
Körperschema, Größenverhältnisse und Raum-Lage von Körperteilen, taktile Wahrnehmung

weitere Förderbereiche:
Feinmotorik, Selbstdarstellung/Selbstbild

Variationen

- Familienfiguren kneten
- Zwillingsfiguren formen
- Tierfiguren herstellen
- komische oder lustige Figuren erfinden

52 Knitterbild

Material

- weißes, etwas festeres Papier
- schwarzer Stift

Anleitung

- Zerknülle ein Papier, wenn du richtig sauer bist.
- Falte das Papier später wieder auf.
- Jetzt siehst du sehr viele Knicke.
- Mit deinen Händen kannst du sie auch ertasten.
- Male diese Knicke schwarz an, so dass sie gut sichtbar werden.

Förderschwerpunkt

Emotionalität/Psyche:
Emotionsregulation, Spannungsabbau, Gefühlausdruck, Konfliktstrategie

weitere Förderbereiche:
Kreativität, räumliches Vorstellungsvermögen, taktil-kinästhetische Wahrnehmung

Variationen

- anderes Papier nehmen
- Lücken zwischen den Stegen mit neuen Farben ausfüllen
- Wachspapier verwenden
- Geschichte zum Knitterbild erzählen

53 Königllch

Material

- Portraitfoto von dir
- Kopierer
- Schere
- Klebestift
- Materialien zum Gestalten (z.B. Glitzer- und Goldmaterialien)

Anleitung

- Bitte einen Erwachsenen, dein Portraitfoto zu kopieren.
- Wähle Materialien für deinen königlichen Kopf aus und schneide sie zurecht.
- Klebe sie so auf dein Foto, dass ein prächtiger Kopf entsteht.

Förderschwerpunkt

Emotionalität/Psyche:
Selbstwertgefühl, Ich-Stabilisierung, Rollenspiel

weitere Förderbereiche:
Feinmotorik, Pinzettengriff, visuelle Wahrnehmung, Auge-Hand-Koordination, Kreativität

Variationen

- ein Ganzkörperfoto königlich ausgestalten
- eine königliche Tapete als Hintergrund wählen
- Heiligen mit Heiligenschein gestalten
- König der Tiere krönen
- Königsfamilie zusammenstellen
- königliche Materialien collagieren (z.B. Goldfolie, Glitzer, Spitze)

54 Körperumrisse

Material

- Papier
- Kreppband
- dicker Stift
- bunte Stifte

Anleitung

- Klebe das Papier auf einen festen Untergrund.
- Lege deine Hand auf das Papier.
- Umzeichne mit dem Stift deine Hand.
- Male die Hand bunt aus.

Förderschwerpunkt

Wahrnehmung:
Körperschema, visuelle und taktile Wahrnehmung

weitere Förderbereiche:
Hand-/Armmotorik, Feinmotorik, Einhalten von Grenzen, Identität

Variationen

- Hand mit Materialien bekleben (z.B. Stoff, Sticker)
- Körperumriss auf Tapetenrolle zeichnen (Partner)
- Körperumriss ausschneiden und an die Wand kleben
- in der Gruppe Eigenschaftenzettel in die Figur kleben (z.B. „Was meine Hand kann …“)
- Figur beschriften (z.B. mit Wünschen, Gedanken)
- Körperumriss mit Seilen nachlegen

55 Meine Lieblingsfarbe

Material

- ein Stück festes Papier
- Papierschnipsel in deiner Lieblingsfarbe (z.B. einfarbiges Papier, Geschenkpapier, Tapetenreste, Zeitungsausschnitte, bedrucktes Papier)
- weitere Materialien in deiner Lieblingsfarbe (z.B. Sticker, Wolle, Pailletten, Klebestreifen)
- Farben und Stifte in deiner Lieblingsfarbe
- Schere
- Klebestift

Anleitung

- Lege deine Materialien auf das Papier, sodass ein Bild entsteht.
- Schneide oder reiße Stücke zurecht, um große Lücken zu füllen.
- Klebe alles auf.
- Fülle die übrigen Lücken mit Farben oder Stiften aus.

Förderschwerpunkt

Emotionalität/Psyche:
Identität, Vorlieben

weitere Förderbereiche:
visuelle Differenzierung von Farben, Kategorienbildung, Entscheidungskompetenz, Feinmotorik, Pinzettengriff

Variationen

- weitere Farben wählen
- Materialien verschiedener Farbgruppen collagieren
- Farben wechseln (z.B. alles, das eigentlich gelb ist, blau übermalen)

56 Mein Podest

Material

- Ganzkörperfoto von dir
- Kopierer
- prächtige Farben und Materialien
- Schere
- Stifte
- Klebestift

Anleitung

- Bitte einen Erwachsenen, ein Ganzkörperfoto von dir zu kopieren.
- Schneide deinen Körper aus.
- Gestalte ein Podest mit den Farben und Materialien.
- Klebe dein Bild auf das Podest.

Förderschwerpunkt

Emotionalität/Psyche:
Ich-Stabilisierung, Selbstwertgefühl, Rollenspiel, Ressourcenschöpfung

weitere Förderbereiche:
Feinmotorik, Körperschema, Auge-Hand-Koordination, Kreativität

Variationen

- Ziele setzen, Zukunft planen
- dreidimensionales Podest aus Schachteln bauen
- thematisches Bild: Worin bin ich die Nummer Eins?

57 MonsterIch

Material

- Portraitfoto von dir
- Kopierer
- weiße und schwarze Farbe
- flache Schale oder Teller
- Behälter mit Wasser
- schmaler Pinsel
- feuchter Lappen

Anleitung

- Bitte einen Erwachsenen, dein Foto in Schwarzweiß zu kopieren.
- Übermale die hellen Stellen im Gesicht weiß und lasse sie trocknen.
- Die dunklen Stellen übermalst du schwarz. Es soll alles bedeckt sein.

Förderschwerpunkt

Emotionalität/Psyche:
Differenzwahrnehmung, Rollenspiel, Perspektivenwechsel, Verfremdung

weitere Förderbereiche:
Feinmotorik, Konzentration, visuelle Wahrnehmung, Koordination der verschiedenen Arbeitsschritte

Variationen

- weitere Monsterelemente hinzufügen (z.B. Hörner, wilde Haare)
- mit anderen Farben und Elementen weiterarbeiten (z.B. rotes Blut, grüne Augen)
- Zuordnung von Original- und Monsterbild in Gruppe

58 Schnippellch

Material

- Portraitfoto von dir
- Tonpapier
- Kopierer
- Schere
- Klebestift

Anleitung

- Schneide dein Portraitfoto in einzelne Teile.
- Die einzelnen Körperteile sollen erkennbar bleiben.
- Klebe die Puzzleteile in einer neuen Ordnung auf das Tonpapier auf.

Förderschwerpunkt

Emotionalität/Psyche:
Differenzwahrnehmung, Rollenspiel, Detailwahrnehmung persönlicher Merkmale, Verfremdung

weitere Förderbereiche:
visuelle Wahrnehmung, Raum-Lage-Wahrnehmung, Körperschema, Feinmotorik, Exploration

Variationen

- Körperfoto neu zusammenstellen
- Familienfoto umordnen
- gleiche Körperteile collagieren

59 Tierlch

Material

- Portraitfoto von dir
- Kopierer
- Acrylfarbe
- Pinsel
- Behälter mit Wasser
- Lappen
- Materialien zum Gestalten

Anleitung

- Bitte einen Erwachsenen, dein Portraitfoto zu kopieren.
- Male mit den Acrylfarben ein Tiergesicht über dein Foto.
- Ist noch genügend Platz auf dem Papier, kannst du auch einen Körper hinzufügen.

Förderschwerpunkt

Emotionalität/Psyche:
Differenzwahrnehmung, Rollenspiel, Verfremdung, Perspektivenwechsel

weitere Förderbereiche:
visuelle Wahrnehmung, Vorstellungsvermögen, Kreativität, Entscheidungskompetenz

Variationen

- Collagieren (z.B. Teile von Tierbildern aufkleben)
- Ganzkörperfotos nutzen
- mit anderen Materialien ergänzen (z.B. Fell oder Schnurrhaaren, Wackelaugen)

60 Wutkrickelbild

Material

- festes Papier
- Klebeband
- Stifte (z.B. Bleistift, Wachsmalstifte, Filzstifte)

Anleitung

- Befestige das Papier auf dem Tisch.
- Kritzele das Blatt kräftig voll. Tue so, als würdest du Schimpfwörter schreiben.
- Fülle das Blatt ganz aus, bis dir keine Schimpfwörter mehr einfallen.
- Male einige Flächen mit bunten Filzstiften aus.

Förderschwerpunkt

Emotionalität/Psyche:
Emotionsregulation, Spannungsabbau, Gefühlausdruck, Konfliktstrategie

weitere Förderbereiche:
Einhalten von Grenzen, Feinmotorik, Muskeltonusregulation

Variationen

- Flächen zu Figuren ergänzen
- Papier zerschneiden und neu zusammensetzen
- Papier zerknüllen und wegwerfen
- neue Schimpfwörter erfinden

61 2-Minuten-Collage

Material

- mehrere quadratische Stücke Karton oder Pappe
- Papierstücke aus der Restekiste
- Schere und Klebestift
- Sticker, Aufkleber (z.B. von Obst oder Flaschen)
- weitere Materialien nach Wahl (z.B. Naturmaterial, Stoffreste)
- Stoppuhr/Sanduhr

Anleitung

- Suche vorhandene Materialien zusammen, die du schön oder interessant findest.
- Schneide oder reiße sie in Stücke zum Weiterverarbeiten.
- Stelle die Stoppuhr auf zwei Minuten.
- Klebe Materialstücke auf das erste Quadrat, ohne nachzudenken.
- Nach zwei Minuten nimm dir das nächste Quadrat und mache es wie beim ersten.

Förderschwerpunkt

Emotionalität/Psyche:
Intuitives Handeln, Umgang mit Erfolg/Misserfolg

weitere Förderbereiche:
Raum-Lage-Wahrnehmung, Handlungsplanung/-steuerung, serielles Handeln, Entscheidungskompetenz, Zeitbewusstsein

Variationen

- Materialgruppen erstellen und Regeln vorgeben (z.B. aus jeder Kategorie ein Material)
- Themencollagen (z.B. alles Pink, Streifen, Kreuz & Quer, Kunterbunt, Landkartenbilder)
- Collagen in einer Gruppe erstellen lassen und dann zusammenlegen
- Collagen ohne Zeitfaktor erstellen

zu essen zurückge-
iche provenzalische
te Dusche und ein
ein Traum!»
den Laden? Mei-
mer hat? Nach der
sich bei den Lei-
etwas wie ›mi-

62 Aufstellung

Material

- Spielzeug (z.B. Spielfiguren, Bausteine, Stofftiere) oder Alltags- oder Naturmaterialien
- Kamera

Anleitung

- Stelle die Gegenstände in einer Gruppe auf.
- Bitte einen Erwachsenen, ein Foto zu machen.
- Verändere die Aufstellung deiner Figuren (z.B. andere Abstände).
- Bitte einen Erwachsenen, Fotos zu machen.

Förderschwerpunkt

Emotionalität/Psyche:
Kategorienbildung, Reihen-/Musterbildung, Weiterentwicklung von Ordnungen

weitere Förderbereiche:
Raum-Lage-Wahrnehmung, Auge-Hand-Koordination, Erzählimpulse, Selbstdarstellung

Variationen

- Gegenstände hinzufügen oder wegnehmen
- Ratespiel entwickeln
- Geschichte darstellen
- Abfotografieren und Daumenkino anfertigen

63 Aus dem Nähkästchen

Material

- alles, was du im Nähkästchen finden kannst
- Papier oder Kartondeckel
- ggf. Kamera

Anleitung

- Lege das Papier oder den Kartondeckel auf den Tisch.
- Gestalte darauf mit den Nähmaterialien ein Motiv oder ein Muster.
- Bitte einen Erwachsenen, ein Foto davon zu machen.

Förderschwerpunkt

Kognition:
Kreativität, Umdeutung, Gestaltidentifikation

weitere Förderbereiche:
Feinmotorik, Pinzettengriff, Farb- und Formwahrnehmung, Erzählimpulse, Reihen-/Musterbildung

Variationen

- Details verändern und fotografieren (z.B. Geschichte/Daumenkino entwickeln)
- Ratespiel entwickeln (z.B. Was fehlt?)
- Erzählimpulse aufgreifen (z.B. Was erzählen die Gegenstände aus dem Nähkästchen?)
- individuelle Symbolik benennen

64 Gesichter legen

Material

- alles, was gerade da ist
- ggf. Kamera

Anleitung

- Überlege, wie das Gesicht aussehen kann (z.B. fröhlich, traurig, witzig, sauer).
- Lege aus unterschiedlichen Gegenständen ein Gesicht.
- Bitte einen Erwachsenen, ein Foto davon zu machen.

Förderschwerpunkt

Kommunikation:
nonverbale Kommunikation, Gefühlsausdruck, Sprechanlass

weitere Förderbereiche:
Empathie, Umdeutung, Auge-Hand-Koordination, Selbstdarstellung/Selbstbild

Variationen

- Ratespiel entwickeln (z.B. Gefühlsausdruck erkennen)
- Gesicht nach Anweisung bauen
- möglichst viele Gesichtsausdrücke finden
- Gesichter fotografieren
- Memory von Gesichtsfotos herstellen
- Kategorienbildung (Material)

65 Goldgräber

Material

- alles, was goldfarben ist
- kleiner Behälter (z.B. Karton, Stoffbeutel, Korb)
- Legefläche (z.B. Deckel, Tablett, flache Schale)

Anleitung

- Suche nach goldfarbenen Gegenständen in deiner Umgebung.
- Sammle sie in deinem Behälter.
- Wenn du genug gefunden hast, breite deine Schätze vor dir aus.
- Lege eine Collage aus den Goldstücken auf deine Fläche.

Förderschwerpunkt

Kognition:
Kategorienbildung, Entscheidungskompetenz, Exploration

weitere Förderbereiche:
visuelle Wahrnehmung, Farbwahrnehmung, Erzählimpuls

Variationen

- Figuren oder Muster legen
- symbolische Bedeutung überlegen
- Geschichte erfinden
- Schatzkiste basteln
- Spiel entwickeln
- Silbersachen/Glitzerdinge statt goldfarbener Dinge

66 Knopfbild

Material

- Knöpfe
- Unterlage (z.B. Teller, Papier, Stoff)
- Kamera

Anleitung

- Sortiere deine Knöpfe nach Farbe, Größe oder Form.
- Lege ein Muster aus deinen Knöpfen auf deine Unterlage.
- Bitte einen Erwachsenen, ein Foto davon zu machen.

Förderschwerpunkt

Kognition:
Größenverhältnisse, Kategorienbildung, Reihen-/ Musterbildung, Weiterbildung von Ordnungen

weitere Förderbereiche:
Pinzettengriff, Farb- und Formwahrnehmung, Entspannung

Variationen

- Mandala, Bilder oder Gesichter aus Knöpfen legen
- Knopfspiele erfinden
- Knöpfe auffädeln
- Knopfaugen legen
- Negativbilder durch Übersprühen herstellen
- Knöpfe verzieren (z.B. anmalen, bekleben)
- Foto übermalen

67 Löffelmandala

Material

- viele Löffel
- etwas Rundes für die Mitte
- Fläche zum Legen
- ggf. Kamera

Anleitung

- Sortiere deine Löffel vor.
- Lege das runde Teil in die Mitte der Fläche.
- Lege eine Löffelsorte wie Sonnenstrahlen um den Mittelpunkt herum.
- Fülle die Zwischenräume mit weiteren Löffeln.
- Bitte einen Erwachsenen, ein Foto davon zu machen.

Förderschwerpunkt

Kognition:
Kategorienbildung, Reihen-/Musterbildung

weitere Förderbereiche:
Formwahrnehmung, Raum-Lage-Wahrnehmung, Auge-Hand-Koordination, Erzählimpulse, Entspannung

Variationen

- andere Gegenstände verwenden (z.B. Stifte, Garnrollen, Pinsel)
- Naturmaterialien benutzen (z.B. Muscheln, Blätter, Steine)
- Lebensmittel verwenden (z.B. Nudeln, Obst, Gemüse, Gummibärchen)
- Mandala aus Menschen konstruieren (z.B. Familie, Freunde, Kindergruppe)
- Mosaik aus Mandalafotos zusammenstellen

68 Rahmenbild

Material

- verschiedene Alltagsmaterialien
- Rahmen (z.B. Bilderrahmen, Passepartout)
- ggf. Kamera

Anleitung

- Breite die Materialien auf dem Tisch aus.
- Probiere verschiedene Ordnungen aus.
- Lege den Rahmen auf eine Stelle, die dir besonders gut gefällt.
- Bitte einen Erwachsenen, ein Foto davon zu machen.

Förderschwerpunkt

Kognition:
Entscheidungskompetenz, Exploration, Gestaltidentifikation

weitere Förderbereiche:
visuelle und taktile Wahrnehmung, intuitives Handeln

Variationen

- Fotoausschnitte aus Zeitungen einrahmen
- Rahmen in Landschaft halten (Partner)
- eine Ganzheit durch den Rahmen teilen (z.B. eine Gesichtshälfte einrahmen oder das Hinterteil eines Tieres)
- Ratespiel entwickeln (z.B. Teilausschnitte eines Gegenstandes im Bild identifizieren)

69 Schuh-bi-du

Material

- alter Schuh
- Material zum Verzieren (z.B. Knöpfe, Perlen, Spielfiguren, Stoff, Folie, Papier, Wolle, Draht)
- Bastelkleber/Klebeband
- Schere
- ggf. Farbe und Pinsel

Anleitung

- Überlege dir ein Lebewesen, in das du deinen alten Schuh verwandeln möchtest.
- Suche dir passende Materialien dafür aus.
- Befestige die Materialien an deinem Schuh.
- Gib dem Schuh-Wesen einen Namen.

Förderschwerpunkt

Kognition:
Umdeutung, Entscheidungskompetenz, Vorstellungsvermögen, Problemlösungsstrategien

weitere Förderbereiche:
Feinmotorik, Auge-Hand-Koordination, Interaktion, Erzählimpulse

Variationen

- einen „Schuh-rken“ erfinden
- Schuhpaar als Paar gestalten
- Schuh als Gefährt umfunktionieren (z.B. Auto, Boot, Raumschiff, Ufo)
- ein abstraktes „Schunstwerk“ kreieren
- Schuh als Wohnung gestalten

70 Verrückte Pinsel

Material

- Stäbchen und Stöckchen
- Pinselmaterial (z.B. Watte, Schwämmchen, Kordel, Stoff, Dekomaterial)
- Naturmaterialien (z.B. Zweige, Gräser, Federn)
- Klebeband/Bastelkleber
- Schere
- Wasserfarben und Behälter mit Wasser
- Papier

Anleitung

- Befestige dein Pinselmaterial mit Klebeband oder Bastelkleber an einem Stöckchen.
- Wickle das Klebeband mehrere Male fest um das Stöckchen.
- Wenn nötig, schneide deinen neuen Pinsel mit der Schere zurecht.
- Manche Naturmaterialien kannst du direkt als Pinsel benutzen.
- Probiere, welche Spuren deine Pinsel hinterlassen.

Förderschwerpunkt

Kognition:
Umdeutung, Kreativität, Problemlösungsstrategien, Exploration

weitere Förderbereiche:
Feinmotorik, Handgeschicklichkeit, Muskeltonusregulation

Variationen

- Figuren mit lustigen Frisuren aus den Pinseln machen
- Ratespiel entwickeln (z.B.: Welche Spur gehört zu welchem Pinsel?)
- Sprechanlass nutzen (z.B. über Materialien aus der Natur)

71 Fadenziehbild

Material

- Baumwollfaden
- Acrylfarbe
- kleine, flache Schale
- Pinsel
- Behälter mit Wasser
- weißes Papier
- Buch zum Pressen

Anleitung

- Gib verdünnte Acrylfarbe in die flache Schale.
- Lege den Baumwollfaden in die Farbe.
- Du kannst dazu einen Pinsel zur Hilfe nehmen.
- Lege den Faden auf ein Papier und lass ein Ende über den Rand hängen.
- Bedecke das Papier mit einem weiteren Bogen.
- Lege alles in ein Buch und klappe es zu.
- Ziehe den Faden heraus.

Förderschwerpunkt

Motorik:
Koordination, Muskeltonusregulation, Kraftdosierung

weitere Förderbereiche:
Aufgabenverständnis, Exploration, Kausalbeziehung, Koordination der verschiedenen Arbeitsschritte

Variationen

- verschiedene Farben einsetzen
- Motive anlegen (z.B. Blumen)
- verschiedene Schichten übereinander drucken
- entstandene Motive ausschneiden
- Formen und Figuren erkennen und nachzeichnen
- Ratespiele entwickeln

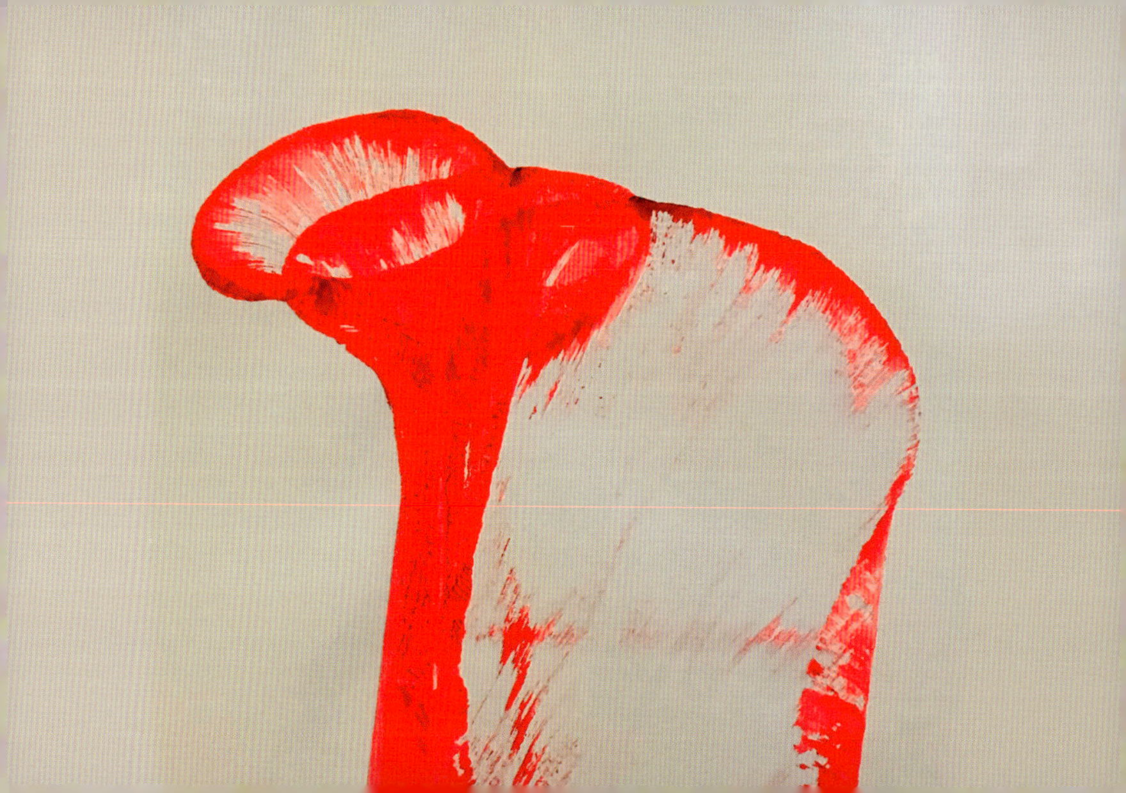

72 Frottage

Material

- Reliefmaterial (Material mit strukturierter Oberfläche wie z.B. Strukturtapete, Münzen oder andere fühlbare Oberflächen)
- dünnes Papier
- Bleistift oder Wachsmalstift
- Kreppband

Anleitung

- Befestige dein Material mit Kreppband auf dem Tisch.
- Lege das Papier darüber und klebe es am Rand fest.
- Male vorsichtig mit dem flachen Bleistift oder der Wachsmalkreide über die Oberfläche.
- Male so lange darüber, bis das Muster sichtbar wird.

Förderschwerpunkt

Wahrnehmung:
taktile und visuelle Wahrnehmung, Auge-Hand-Koordination

weitere Förderbereiche:
Erfolgserlebnis, Kausalbeziehung, Frustrationstoleranz, Kraftdosierung, Handlungsplanung und -steuerung

Variationen

- selbst ein Relief anfertigen (z.B. Pappstücke oder Kordel aufkleben)
- Memorys herstellen
- Frottagemuster nachzeichnen
- Frottage als Hintergrund für ein Bild verwenden
- Frottagerelief collagieren

73 Fußspuren

Material

- Wasserfarben
- breite Pinsel
- Behälter mit Wasser
- Lappen
- großer Papierbogen (z.B. DIN A3, Tapetenstück, Zeitungspapier)

Anleitung

- Lege dein Papier auf den Boden und befestige es am Rand mit Kreppband.
- Lasse deine Fußsohlen von einem Partner mit einem Pinsel mit Wasserfarben anmalen.
- Stelle dich mithilfe deines Partners vorsichtig auf das Papier.
- Laufe über das Papier.

Förderschwerpunkt

Soziabilität:
Interaktion, Kooperationsfähigkeit, Hilfsbereitschaft

weitere Förderbereiche:
taktile Wahrnehmung, Koordination, Exploration, Sprechanlass, nonverbale Kommunikation

Variationen

- Partner-/Gruppenbild erstellen
- Rätselspiele entwickeln (z.B. Welche Fußspur gehört zu welchem Kind?)
- Muster laufen (z.B. Kreis, Schlangenlinie)
- verschiedene Farben verwenden
- auf dem Papier bewegen (z.B. hüpfen, tanzen)
- Fußabdruck weiter ausgestalten

74 Gut gekämmt

Material

- Tapetenkleister
- Behälter zum Anrühren
- Acrylfarbe
- Unterlage
- Kamm
- breite Pinsel
- Behälter mit Wasser
- festes Papier

Anleitung

- Rühre mit einem Erwachsenen Tapetenkleister in einem Becher an.
- Warte 20 Minuten.
- Lege das Papier auf die Unterlage.
- Nimm den Pinsel und streiche das Papier dick mit Kleister ein.
- Male mit Farbe darüber.
- Ziehe mit dem Kamm Spuren in die Farbe.

Förderschwerpunkt

Kognition:
Kausalbeziehung, Reihen-/Musterbildung, Exploration, Umdeutung von Alltagsgegenständen

weitere Förderbereiche:
visuelle und taktile Wahrnehmung, Koordination, Geduld, Organisation der Arbeiten

Variationen

- verschiedene Muster erproben (z.B. kariert, gestreift, gewellt)
- verschiedene Farben verwenden
- Papier als Hintergrund oder Geschenkpapier verwenden
- selbst Kämme herstellen (z.B. durch Einschneiden von Pappstücken)

75 Kreiselmalen

Material

- weißes oder farbiges Papier
- Stiftkreisel
- ggf. Buntstifte

Anleitung

- Lege das Papier auf eine glatte Fläche.
- Drehe den Stiftkreisel und lass ihn über das Papier kreiseln.

Förderschwerpunkt

Motorik:
Feinmotorik, Muskeltonusregulation, Hand-/Armmotorik

weitere Förderbereiche:
Auge-Hand-Koordination, Größenverhältnisse, Exploration, Kausalbeziehung, Reihen-/Musterbildung

Variationen

- Stiftkreisel selbst basteln
- Kreise als Motiv nutzen (z.B. Kirmes, Zirkus)
- Spiele mit einem Partner entwickeln
- verschiedene Schwierigkeitsgrade durch Höhenverstellung ausprobieren

76 Malen mit Rasierschaum

Material

- Malfläche wie Acrylplatte, Fenster oder Spiegel
- Rasierschaum aus der Dose
- Stäbchen, Pappstück
- Lappen

Anleitung

- Sprühe Schaum auf deine Malfläche.
- Ziehe mit dem Stäbchen oder deinem Finger Spuren in den Schaum.
- Mit dem Pappstück kannst du den Schaum immer wieder glattstreichen und ein neues Bild malen.

Förderschwerpunkt

Wahrnehmung:
taktile und visuelle Wahrnehmung, Raum-Lage-Wahrnehmung, Auge-Hand-Koordination

weitere Förderbereiche:
Überkreuzen der Körpermitte, Hand-/Armmotorik, Selbstwirksamkeit, Einhalten von Grenzen, Interaktion, Kooperationsfähigkeit

Variationen

- Farbe hinzufügen
- mit den Füßen malen
- Abdruck von farbigem Bild erstellen
- Partner- oder Gruppenbild malen
- Körper bemalen (im Waschraum)
- auf Wachstuch-Tischdecke malen

77 Sanddruck

Material

- Karton- oder Kistendeckel
- feiner Sand
- Alltagsgegenstände (z.B. Steine, Muscheln, Spielzeuge, Stempel, Wattestäbchen, Ausstechförmchen)
- Wassersprühflasche

Anleitung

- Schütte etwas Sand in den Kistendeckel.
- Drücke deine Gegenstände fest in den Sand und nimm sie wieder heraus.
- Vergleiche die Spuren.
- Wenn der Sand sofort zerläuft, sprühe mit einer Wassersprühflasche etwas Wasser auf die Oberfläche.

Förderschwerpunkt

Wahrnehmung:
taktile und visuelle Wahrnehmung, Formwahrnehmung

weitere Förderbereiche:
Konzentration, Ausdauer, Exploration, Reihen-/Musterbildung, Muskeltonusregulation, Erzählimpulse

Variationen

- Sand mit Kleister mischen
- farbigen Sand verwenden
- Spuren fotografieren und Fotocollage erstellen
- mit Partner/Gruppe Sandbild erstellen
- Geheimbotschaften erfinden

78 Sandzeichnen

Material

- Sand
- Kartondeckel
- schwarze Pappe
- Schere
- Alltagsgegenstände (z.B. Wattestäbchen, Stöckchen, Pinsel, Kunststoffbesteck)

Anleitung

- Schneide die schwarze Pappe so zurecht, dass sie in den Kartondeckel passt.
- Lege sie in den Deckel.
- Schütte etwas Sand auf die schwarze Pappe.
- Zeichne mit verschiedenen Werkzeugen Spuren, Muster oder ein Bild in den Sand.
- Verpuste das Bild wieder und zeichne ein neues.

Förderschwerpunkt

Wahrnehmung:
taktile und visuelle Wahrnehmung, Auge-Hand-Koordination

weitere Förderbereiche:
Entspannung, intuitives Handeln, nonverbale Kommunikation, Feinmotorik, Einhalten von Grenzen

Variationen

- verschiedene Körnungen vergleichen
- andere Materialien hinzufügen (z.B. Knopf als Auge)
- Foto ausdrucken und weiterverarbeiten (z.B. übermalen)
- Zeichnungen abfotografieren und eine Collage erstellen

79 Spuren meiner Spielzeuge

Material

- etwas festeres weißes Papier
- schwarze Farbe
- Spielzeuge
- Kreppband
- Acrylplatte
- Pinsel oder Schaumstoffwalze

Anleitung

- Klebe das Papier am Tisch fest.
- Verteile die Farbe mit dem Pinsel oder dem Roller auf der Platte.
- Drücke eine Seite deines Spielzeuges in die Farbe.
- Drucke damit Spuren auf das Papier.

Förderschwerpunkt

Kommunikation:
Erzählimpulse, nonverbale Kommunikation, Sprechanlässe

weitere Förderbereiche:
Auge-Hand-Koordination, Kreativität, Koordination der verschiedenen Arbeitsschritte

Variationen

- andere Farben wählen
- Alltagsgegenstände verwenden
- verschiedenen Gegenständen Farben zuordnen
- Ratespiele entwickeln
- Geschichte zu den Bewegungen auf dem Papier erzählen
- mit eigenem Spielzeugauto Spuren fahren
- Zusammenstöße erzeugen

80 Spurenscanner

Material

- Kamera
- Umgebung (z.B. Wald, Bauernhof, Garten, Spielplatz, Schneelandschaft)

Anleitung

- Überlege, welche Spuren du suchen könntest.
- Überlege, an welchem Ort du sie finden kannst.
- Gehe dorthin und beobachte deine Umgebung.
- Bitte einen Erwachsenen, ein Foto von deinen gefundenen Spuren zu machen.

Förderschwerpunkt

Kognition:
Vorstellungsvermögen, Exploration, Transfer

weitere Förderbereiche:
visuelle Wahrnehmung, Figur-Grund-Wahrnehmung, Formwahrnehmung, Erzählimpulse

Variationen

- Sprechanlässe schaffen (z.B. Wo kann man überall Spuren hinterlassen/finden?)
- Rätselspiele erfinden
- verschiedene Spuren finden und kategorisieren (z.B. Tierspuren, Menschenspuren)
- selbst Spuren hinterlassen
- Collage erstellen

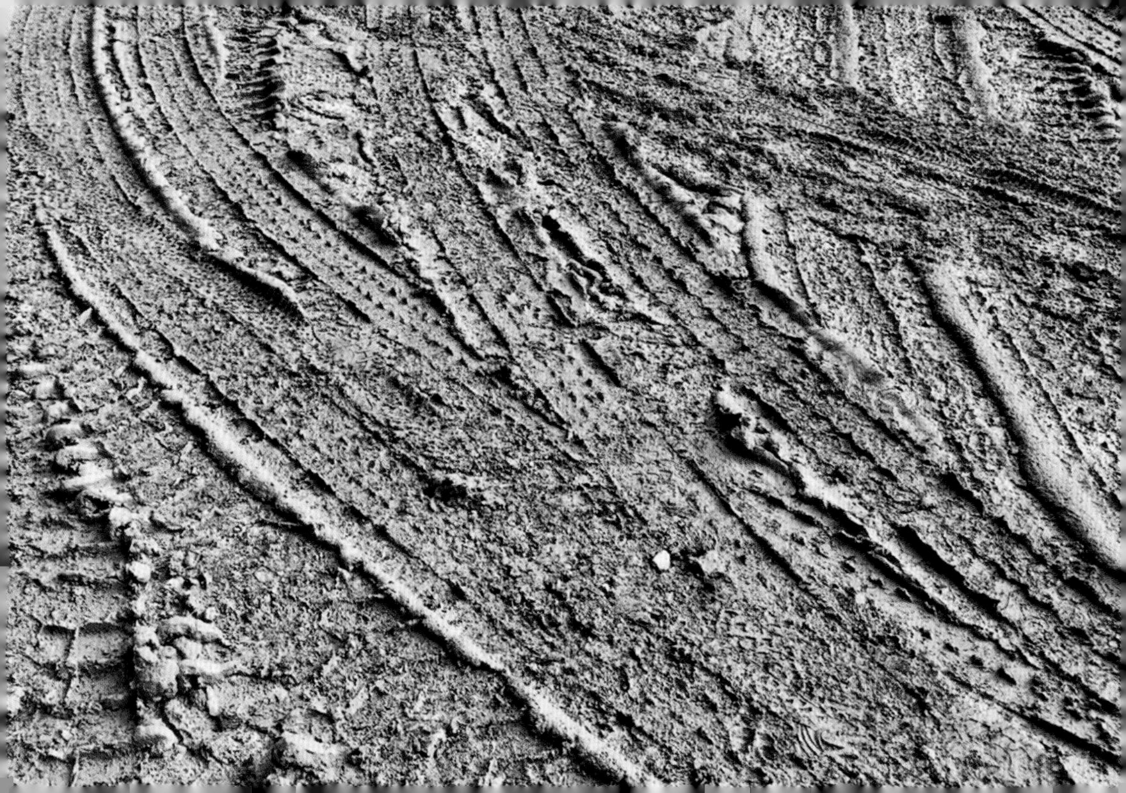

81 Fadenspannen

Material

- dickes Stück Holz
- Hammer
- Nägel
- Schnur/Schnürsenkel

Anleitung

- Lege das Holz auf einen stabilen Untergrund.
- Schlage mit dem Hammer die Nägel in das Brett.
- Spanne die Schnur zwischen den Nägeln.

Förderschwerpunkt

Motorik:
Koordination, Muskeltonusregulation

weitere Förderbereiche:
kinästhetische Wahrnehmung, Einhalten von Grenzen, Regelverhalten, Emotionsbewältigung, Frustrationstoleranz

Variationen

- Muster gezielt anlegen (z.B. Stern)
- unterschiedliche Nagelgrößen wählen
- Holzbrett bemalen
- unterschiedliche Materialien festnageln
- verschiedene Schnüre nehmen (z.B. Wolle, Geschenkband)

82 Farbiger Kleistersand

Material

- Tapetenkleister
- Wasser
- Spatel
- Löffel
- Schaschlikspieß
- mindestens zwei verschiedene Schalen und Behälter
- Sand
- verdünnte Acrylfarbe

Anleitung

- Rühre mit einem Erwachsenen den Kleister mit dem Spatel an.
- Der Kleister darf nicht zu fest werden.
- Löffle etwas Kleister in eine flache Schale.
- Gib vorsichtig abwechselnd Sand und Farbe hinzu.
- Verrühre die Mischung mit den Fingern oder dem Schaschlikspieß.

Förderschwerpunkt

Wahrnehmung:
taktile und visuelle Wahrnehmung, Farbwahrnehmung

weitere Förderbereiche:
Kausalbeziehung, Koordination der verschiedenen Arbeitsschritte, Sprechanlass

Variationen

- unterschiedliche haptische Qualitäten (z.B. feiner Sand, grober Sand)
- Beobachten der Mischung bei Hinzufügen von Wasser
- auf einem Holzbrett vermalen
- auf festem Papier vermalen
- Gips oder farbiges Relief hinzufügen

83 Figuren legen

Material

- Alltagsgegenstände
- Fläche zum Legen
- ggf. Kamera

Anleitung

- Überlege dir, was du aus den Alltagsgegenständen für eine Figur legen kannst.
- Lege aus deinen Gegenständen eine Figur.
- Bitte einen Erwachsenen, ein Foto von deiner Figur zu machen.

Förderschwerpunkt

Kognition:
Vorstellungsvermögen, Kreativität, Umdeutung, Entscheidungskompetenz

weitere Förderbereiche:
taktile Wahrnehmung, Figur-Grund-Wahrnehmung, Handlungsplanung /-steuerung, Erzählimpulse

Variationen

- Veränderung vornehmen und abfotografieren
- Ratespiele entwickeln
- Namen erfinden
- Geschichten erzählen oder malen
- Daumenkino aus Fotos anlegen

84 Gipsrelief

Material

- Gips
- Behälter mit Wasser
- Acrylfarbe
- Schale zum Anrühren
- dicke Pappe
- Gabel oder Stäbchen

Anleitung

- Rühre Gips mit dem Wasser zu einem Brei an.
- Füge etwas Farbe hinzu.
- Gieße dein Gemisch auf die Pappe.
- In den feuchten Gips kannst du mit dem Finger oder mit Stäbchen Muster oder Figuren zeichnen.
- Nach einer Weile trocknet der Gips an.

Förderschwerpunkt

Emotionalität/Psyche:
intuitives Handeln, Selbstwirksamkeit, Geduld

weitere Förderbereiche:
visuelle und taktile Wahrnehmung, Rotation Handgelenk, Feinmotorik, Exploration

Variationen

- mehrere Farben in den Gips mischen
- Sand in den Gips mischen
- Gipsrelief nach dem Trocknen anmalen
- Figuren in die Gipsmasse legen
- mit Prickelnadeln in den Gips ritzen

85 Kleisterrelief

Material

- Tapetenkleister
- Stoffreste
- Behälter mit Wasser
- Acrylplatte
- Acrylfarbe
- ggf. Pinsel

Anleitung

- Rühre mit einem Erwachsenen mit dem Spatel Tapetenkleister an.
- Warte 20 Minuten.
- Lege den Stoff in den Kleister.
- Knete ihn mit beiden Händen, bis der Stoff vollständig mit Kleister vollgesogen ist.
- Streiche überflüssigen Kleister mit den Händen ab.
- Breite den Stoff auf der Plastikplatte aus.
- Forme ihn und male ihn an.
- Lasse den Stoff einen Tag lang trocknen.

Förderschwerpunkt

Wahrnehmung:
visuelle und taktil-kinästhetische Wahrnehmung

weitere Förderbereiche:
Kreativität, Kausalbeziehung, Koordination der verschiedenen Arbeitsschritte, Geduld

Variationen

- Hintergrund gestalten (z.B. Wellen)
- Farbe in den Kleister geben
- trockenes Relief anmalen
- weitere Dinge einarbeiten (z.B. Naturmaterial, Glitzer, Perlen)

86 Knetrelief

Material

- Knete/Modelliermasse
- Teigrolle
- Alltagsgegenstände (z.B. Lineal, Perle, Knopf, Spielzeug)

Anleitung

- Rolle die Knete mit einem Teigroller auf einem festen Untergrund aus.
- Drücke mit den Gegenständen Spuren in die Knetmasse.

Förderschwerpunkt

Motorik:
Muskeltonusregulation, Koordination

weitere Förderbereiche:
Formwahrnehmung, taktil-kinästhetische Wahrnehmung, Selbstwirksamkeit, Erfolgserlebnis

Variationen

- unterschiedliche Farben wählen und vermischen
- Rätselspiele entwickeln
- Knete trocknen lassen und bemalen
- Ton anstatt Knete nutzen
- Knete selbst herstellen

87 Landart-Formen entwickeln

Material

- Naturboden
- interessant geformtes Naturmaterial
- Stöckchen
- ggf. Kamera

Anleitung

- Suche dir einen ebenen Untergrund in der Natur aus.
- Lege dein Naturmaterial auf diese Fläche.
- Gucke dir deine Form genau an.
- Male sie mit einem Stöckchen auf dem Naturboden weiter.
- Bitte einen Erwachsenen, ein Foto von deinem Bild zu machen.

Förderschwerpunkt

Wahrnehmung:
visuelle und taktile Wahrnehmung, Formwahrnehmung

weitere Förderbereiche:
Vorstellungsvermögen, Exploration, Transfer, Koordination der verschiedenen Arbeitsschritte

Variationen

- Naturmaterialien collagieren
- verschiedene Ritzwerkzeuge ausprobieren
- Naturmaterialien bemalen
- Alltagsmaterialien hinzufügen
- Wasser hinzufügen
- Fotos übermalen

88 Landart-Reihen bilden

Material

- Naturmaterialien (z.B. Steine, Muscheln, Blätter, Stöckchen)
- ebener Naturboden
- ggf. Kamera

Anleitung

- Suche dir Materialien in der Natur, die dir besonders gefallen.
- Streiche den Boden mit deiner Hand glatt.
- Lege das Material in eine Reihe auf den Boden.
- Bitte einen Erwachsenen, ein Foto von deinen Reihen zu machen.

Förderschwerpunkt

Kognition:
Reihen-/Musterbildung, Mengenauffassung, Weiterentwicklung von Ordnungen

weitere Förderbereiche:
Koordination, visuelle und taktile Wahrnehmung, Figur-Grund-Wahrnehmung

Variationen

- unterschiedliche Materialien zu einer Musterreihe legen
- Ratespiele entwickeln (z.B.: Was passt nicht in die Reihe?)
- mehrere Reihen nebeneinanderlegen
- Materialien bemalen
- Reihen unterbrechen
- aus unterschiedlichen Perspektiven fotografieren
- Fotos übermalen

89 Naturmandala

Material

- Naturmaterialien (z.B. Blätter, Eicheln, Steine, Stöckchen)
- einfarbiger Untergrund (z.B. Pappe, Stein, Schale)
- ggf. Kamera

Anleitung

- Breite die gesammelten Naturmaterialien vor dir aus.
- Wähle ein Teil für die Mitte aus.
- Ordne die anderen Materialien ringförmig um die Mitte an.
- Füge nach und nach weiteres Material hinzu.
- Bitte einen Erwachsenen, ein Foto von deinem Mandala zu machen.

Förderschwerpunkt

Emotionalität:
Entspannung, intuitives Handeln

weitere Förderbereiche:
taktile Wahrnehmung, Auge-Hand-Koordination, Raum-Lage-Wahrnehmung, Reihen-/Musterbildung

Variationen

- bei einer Gruppenarbeit jedem Teilnehmer ein Element zuweisen (Sichtbarkeit des persönlichen Anteils)
- gezielt Muster legen
- andere Gegenstände verwenden (z.B. Perlen, Spielzeugautos)
- Fotos übermalen
- neue Farbspektren durch Übermalen entwickeln

90 Sachencollage

Material

- Tablett oder Kistendeckel
- Spielzeug und allerlei Gegenstände
- ggf. Kamera

Anleitung

- Lege deine Gegenstände auf das Tablett.
- Ordne sie so an, dass ein Bild oder ein Muster entsteht.
- Erfinde so viele verschiedene Bilder wie möglich.
- Bitte einen Erwachsenen, ein Foto davon zu machen.

Förderschwerpunkt

Kognition:
Kreativität, Entscheidungskompetenz, Kategorienbildung

weitere Förderbereiche:
Erzählimpuls, intuitives Handeln, Erfolgserlebnis, Raum-Lage-Wahrnehmung

Variationen

- Anzahl oder Art der Gegenstände festlegen (z.B. alles rot oder immer zehn)
- Sachencollage diktieren
- Geschichten zu den Bildern erfinden
- Fotos übermalen
- andere Farbspektren durch Übermalen entwickeln
- Daumenkino (Bilderfolge durch Detailveränderung)

91 Bildhauer

Material

- festes Papier
- Kreppband
- Zeitungspapier oder abwaschbare Unterlage
- abwaschbare Farbe, Acryl- oder Kleisterfarbe
- Kittel
- feuchter Lappen

Anleitung

- Klebe das Papier auf dem Tisch fest.
- Decke alles ab, was nicht farbig werden soll.
- Lege zum Ablegen etwas Zeitung auf den Boden.
- Gib Farbe auf das Papier.
- Schlage mit der Hand oder der Faust kräftig auf das Papier.
- Wiederhole den Vorgang.

Hinweis: Achtung, kann weit spritzen!

Förderschwerpunkt

Emotionalität/Psyche:
Emotionsbewältigung, Emotionsregulation

weitere Förderbereiche:
kinästhetische Wahrnehmung, Tiefensensibilität, Koordination, Kraftdosierung, Muskeltonusregulation

Variationen

- unterschiedliche Konsistenz ausprobieren (z.B. der Farbe mehr Wasser oder Sand zufügen)
- Faustdruck testen
- großes Gruppenbild erstellen
- Aktivität draußen mit Ton/Sand und Wasser auf einem Tisch ausprobieren

92 Bubblefarbe

Material

- flacher Deckel mit Rand
- verdünnte Farbe mit Spülmittel
- Papier
- Strohhalm
- Zeitungspapier

Anleitung

- Decke alles gut mit Zeitungspapier ab.
- Gib etwas von der Farbmischung in den Deckel.
- Blase mit dem Strohhalm in die Farbe.
- Halte das Papier auf die Blasen.

Förderschwerpunkt

Motorik:
Mundmotorik, Muskeltonusregulation

weitere Förderbereiche:
visuelle Wahrnehmung, Tiefensensibilität, Auge-Hand-Koordination, Exploration, Ausdauer

Variationen

- verschiedene Farben verwenden
- verschiedene Farben mehrschichtig aufnehmen
- passende Motive ergänzen (z.B. Fisch)
- Gesichter in die Blasen malen
- Geschichte zum Bild erfinden (z.B. „Als einmal die Suppe überkochte …“)

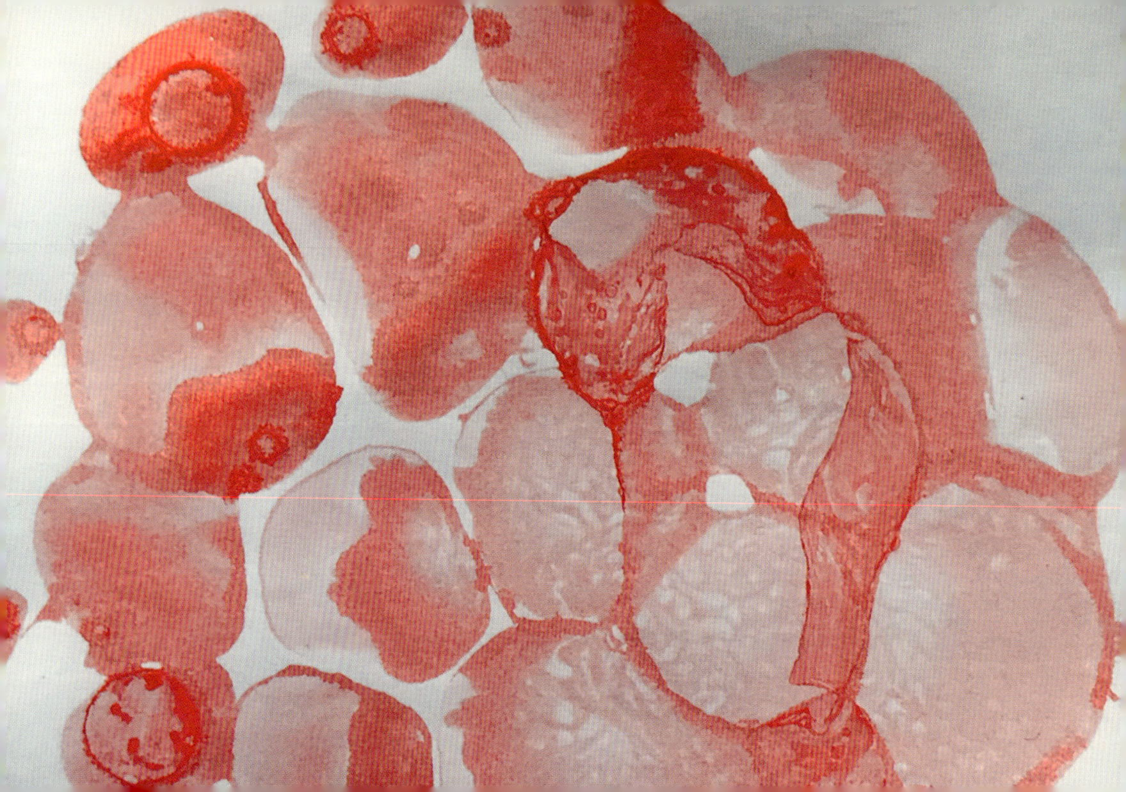

93 Farbe bügeln

Material

- Wachsmalstifte
- Küchenmesser oder Anspitzer
- Zeitung
- weißes Papier
- Bügeleisen

Anleitung

- Lege die Zeitung auf den Tisch und das weiße Papier darauf.
- Schabe Wachsspäne von den Stiften auf das Papier.
- Lege ein weiteres weißes Blatt obendrauf und decke den Stapel mit einem Blatt Zeitungspapier ab.
- Stöpsle mit Hilfe das Bügeleisen ein und gleite mit niedriger Wärme vorsichtig über das Papier.
- Prüfe zwischendurch, ob das Papier braun wird und ob das Wachs schon geschmolzen ist.

Förderschwerpunkt

Motorik:
Koordination, Hand-/Armmotorik, Kraftdosierung

weitere Förderbereiche:
Umgang mit Werkzeugen, Achtsamkeit, Selbstwirksamkeit, Exploration

Variationen

- gezieltes Aufbringen von Wachsspänen
- Wachsmaler direkt mit dem Fön anschmelzen und auf das Papier tropfen lassen (Pinzette oder Zange zum Halten des Stiftes benutzen!)
- differenzierter Effekt durch vorheriges Abdecken von Bildteilen

94 Farbe föhnen

Material

- Tinte oder verdünnte Wasserfarbe
- Pipetten
- dickes Papier
- Fön
- Zeitungspapier

Anleitung

- Decke alles gut mit Zeitungspapier ab.
- Tropfe Farbe mit Pipetten auf das Papier.
- Stöpsle den Fön ein und blase in die Farbe hinein.
- Lass das Bild trocknen.

Hinweis: Achtung, kann weit spritzen!

Förderschwerpunkt

Praxie:
Handlungsplanung und -steuerung, Koordination der verschiedenen Arbeitsschritte, Organisation der Arbeiten

weitere Förderbereiche:
Exploration, Kreativität, Umdeutung von Alltagsgeräten, Auge-Hand-Koordination

Variationen

- verschiedene Papiere und Farben erproben
- verschiedene Schichten anlegen
- Figuren mit Feinschreiber weiter ausarbeiten (z.B. zu Quallen oder Monstern)
- „Farbrennen“ (Farbspur mit einem Lineal nachmessen: Welche ist am weitesten gelaufen?)

95 Farbe salzen

Material

- dickes, saugfähiges Papier
- Acrylplatte
- Aquarellfarbe
- Behälter mit Wasser
- Pinsel
- Salz

Anleitung

- Lege dein Papier auf die Platte.
- Feuchte das Papier mit Wasser an.
- Färbe das Papier mit Aquarellfarbe ein.
- Streue Salz auf die Farbe.
- Lass das Bild trocknen.
- Streife das Salz ab.

Förderschwerpunkt

Kognition:
Kausalbeziehung, Exploration

weitere Förderbereiche:
Feinmotorik, Pinzettengriff, Auge-Hand-Koordination, Raum-Lage-Wahrnehmung, Geduld, Umgang mit Erfolg/Misserfolg, Achtsamkeit

Variationen

- verschiedene Salzkorngrößen ausprobieren
- verschiedene Untergrundpapiere benutzen
- Bild als Hintergrund nutzen (z.B. als Wasserlandschaft, Wüste, Eislandschaft)
- mehrfarbig arbeiten

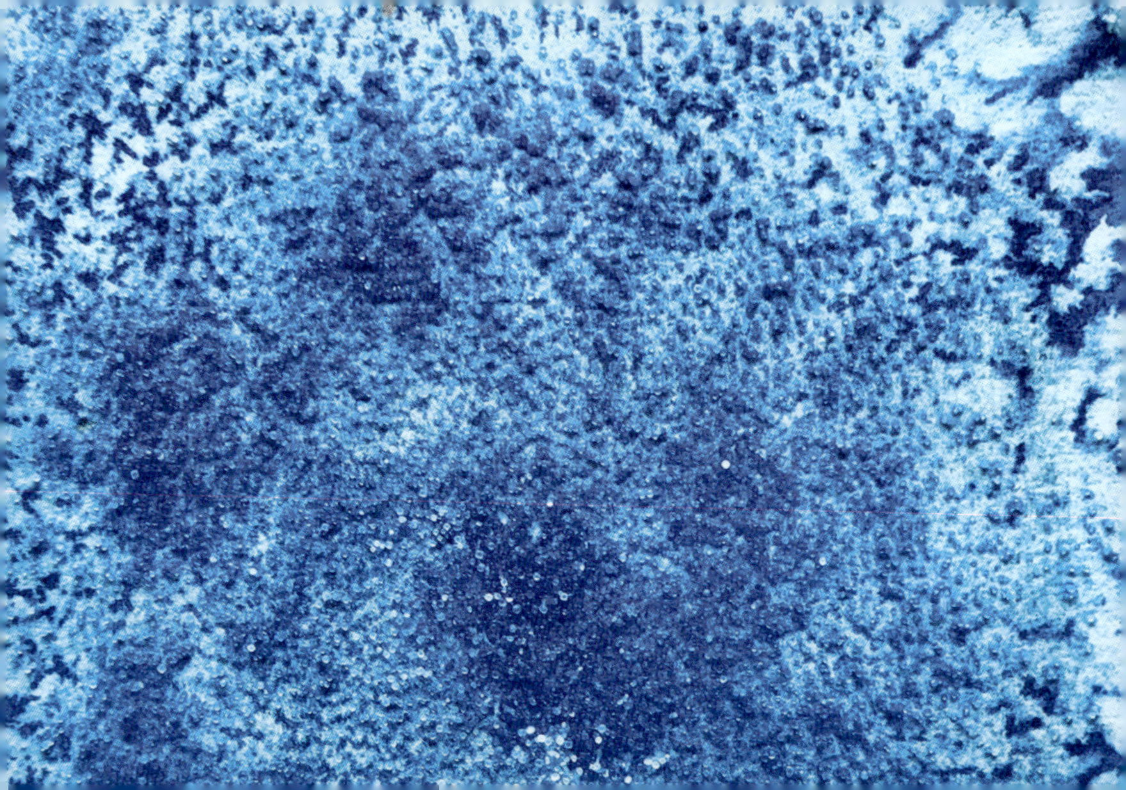

96 Farbenschleuder

Material

- Salatschleuder
- Papier
- Schere
- verdünnte Wasser- oder Acrylfarbe
- Zeitungspapier zum Ablegen

Anleitung

- Schneide ein Papier so zurecht, dass es in die Salatschleuder gelegt werden kann.
- Tropfe Farbe in die Mitte des Papiers.
- Drehe die Salatschleuder und beobachte, wie sich die Farbe verteilt.
- Lege das Bild zum Trocknen auf ein Zeitungspapier.

Förderschwerpunkt

Motorik:
Hand-/Armmotorik, Koordination, Muskeltonusregulation

weitere Förderbereiche:
Lateralität, kinästhetische Wahrnehmung, Auge-Hand-Koordination, Kausalbeziehung, Koordination der verschiedenen Arbeitsschritte, Umdeutung von Alltagsgeräten

Variationen

- andere Schleudergeräte verwenden
- Farbschleuder in Plastiktüte mit Loch (nur draußen!)
- Mosaik aus verschiedenen Bildern erstellen
- durch Hineinmalen zu einem Motiv weiterverarbeiten (z.B. Blume, Gesicht oder Monster)

97 Folienaquarell

Material

- Aquarellpapier
- Aquarellfarbe
- Acrylplatte
- Frischhaltefolie
- Pinsel
- Behälter mit Wasser
- Lappen

Anleitung

- Lege das Aquarellpapier auf die Platte.
- Wische mit dem Lappen Wasser auf das Papier. Es soll überall feucht sein.
- Verteile mit dem Pinsel eine Farbe auf dem Papier. Es kann blass oder stark sein.
- Schneide Folie ab und lege sie so lose auf dein Bild, dass Falten entstehen.
- Drücke die Folie leicht an.
- Lass alles trocknen.
- Ziehe am nächsten Tag die Folie ab.

Förderschwerpunkt

Emotionalität/Psyche:
Geduld, intuitives Handeln

weitere Förderbereiche:
Feinmotorik, Muskeltonusregulation, Kausalbeziehung, Farbwahrnehmung, Koordination der verschiedenen Arbeitsschritte

Variationen

- Experimentieren mit Farbintensität und Wasser
- trockene Bilder weiterverarbeiten (z.B. Figuren erkennen und mit Stiften umranden)
- Bilder zu einem Mosaik umfunktionieren
- zu einem Motiv durch Hineinmalen weiterverarbeiten (z.B. Iglu in Eislandschaft)

98 Gespensterspucke

Material

- Speisestärke
- Schüssel
- Behälter mit Wasser
- Finger- oder Wasserfarbe
- ggf. Löffel

Anleitung

- Gib drei Esslöffel Speisestärke in eine Schüssel.
- Füge nach und nach mit einem Löffel Wasser hinzu und verrühre das Gemisch mit deinen Fingern.
- Die Gespensterspucke ist fertig, wenn sie sich flüssig und gleichzeitig zäh anfühlt.
- Rühre einen Tropfen Wasserfarbe in die Masse.
- Beobachte, wie sich die Masse verhält, wenn du sie drückst, formst oder fließen lässt.

Förderschwerpunkt

Wahrnehmung:
taktil-kinästhetisch, visuell

weitere Förderbereiche:
Muskeltonusregulation, Kausalbeziehung, Exploration, Entspannung, Interaktion, Kommunikation

Variationen

- Kugeln rollen und zerfließen lassen
- Gespensterspuckefäden mit der Schere abschneiden
- mehrfarbiges Einfärben ausprobieren
- Arbeiten auf Motivtellern (Freilegen des Motives durch Verschieben der Masse)
- Farbe auf flachem Teller einrühren, Bild trocknen lassen
- Fingerspiele erfinden

99 Pustefarbe

Material

- Strohhalme
- Wasserfarbe
- Behälter mit Wasser
- Pinsel
- festes Papier

Anleitung

- Lege dein Papier auf den Tisch.
- Rühre Wasserfarbe an.
- Tropfe die Farbe auf das Papier.
- Puste mit dem Strohhalm in die Farbe hinein.

Förderschwerpunkt

Motorik:
Mundmotorik, Hand-/Armmotorik, Muskeltonusregulation

weitere Förderbereiche:
Entspannung, Ausdauer, Achtsamkeit, Kausalbeziehung, Handlungsplanung und -steuerung

Variationen

- mit Wassermengen experimentieren
- Farben mischen
- verschiedene Schichten anlegen (trocknen lassen und Vorgang wiederholen)
- gezielt Figuren pusten (z.B. Krake oder Männchen)
- Figurenerkennung mit Stift nachzeichnen
- passende Geschichte erfinden (z.B. Wind, Krakenparty)

100 Quetschfolienbild

Material

- Klarsichthülle
- weißes Papier
- Acrylfarbe
- Kreppband
- Lineal

Anleitung

- Gib etwas Farbe in die Klarsichthülle.
- Klebe die Hülle mit dem Kreppband zu, so dass sie ganz dicht ist.
- Verschiebe die Farbe mit dem Finger oder einem Gegenstand in der Hülle.
- Wenn du ein neues Bild zeichnen willst, ziehe ein Lineal über die Klarsichthülle.

Förderschwerpunkt

Wahrnehmung:
taktil, visuell, Auge-Hand-Koordination

weitere Förderbereiche:
Feinmotorik, Muskeltonusregulation, Koordination der verschiedenen Arbeitsschritte

Variationen

- Wasser oder weitere Farbe hinzufügen
- Bild nach vorsichtigem Öffnen der Hülle auf Papier abdrucken
- andere Flüssigkeiten in die Klarsichthülle geben (z.B. Spülmittel, Glitzergel, Seife, Gelkugeln)
- Fensterbilder herstellen (Quetschfolienbilder an Leine aufhängen)